# Formação de professores S/A
## Tentativas de privatização da preparação de docentes da educação básica no mundo

Júlio Emílio Diniz-Pereira
Kenneth Zeichner
(Orgs.)

# Formação de professores S/A
## Tentativas de privatização da preparação de docentes da educação básica no mundo

autêntica

Copyright © 2019 Os organizadores
Copyright © 2019 Autêntica Editora

Todos os direitos reservados pela Autêntica Editora. Nenhuma parte desta publicação poderá ser reproduzida, seja por meios mecânicos, eletrônicos, seja via cópia xerográfica, sem a autorização prévia da Editora.

COORDENADOR DA COLEÇÃO DOCÊNCIA
*Júlio Emílio Diniz-Pereira*

EDITORAS RESPONSÁVEIS
*Rejane Dias*
*Cecília Martins*

REVISÃO
*Mariana Faria*

CAPA
*Alberto Bittencourt*

DIAGRAMAÇÃO
*Waldênia Alvarenga*

**Dados Internacionais de Catalogação na Publicação (CIP)**
**(Câmara Brasileira do Livro, SP, Brasil)**

Formação de professores S/A / [organização] Julio Emílio Diniz-Pereira e Kenneth Zeichner .-- 1. ed. -- Belo Horizonte : Autêntica Editora, 2019. -- (Coleção Docência)

Bibliografia.
ISBN 978-85-513-0449-5

1. Carreira profissional 2. Educação 3. Ensino - Pesquisa 4. Pedagogia 5. Professores - Formação 6. Professores - Identidade I. Diniz-Pereira, Julio Emílio. II. Zeichner, Kenneth III. Série.

18-21831                                      CDD-370.71

Índices para catálogo sistemático:
1. Professores : Formação : Educação 370.71

Maria Paula C. Riyuzo - Bibliotecária - CRB-8/7639

**Belo Horizonte**
Rua Carlos Turner, 420
Silveira . 31140-520
Belo Horizonte . MG
Tel.: (55 31) 3465 4500

**São Paulo**
Av. Paulista, 2.073 . Conjunto Nacional, Horsa I
23º andar . Conj. 2310-2312 . Cerqueira César
01311-940 . São Paulo . SP
Tel.: (55 11) 3034 4468

www.grupoautentica.com.br

# Sumário

**Apresentação** 7
*Júlio Emílio Diniz-Pereira*

**Introdução** 11
*Kenneth Zeichner*

**Capítulo 1: A situação atual dos cursos de licenciatura no Brasil frente à hegemonia da educação mercantil e empresarial** 19
*Júlio Emílio Diniz-Pereira*

**Capítulo 2: Desregulamentação na formação de professores no Chile: lições do laboratório** 31
*Ilich Silva-Peña e César Peña-Sandoval*

**Capítulo 3: Quando o dinheiro fala mais alto: privatização, formação de professores e imaginários sociais conflitantes nas escolas dos Estados Unidos** 51
*Lauren Gatti e Theresa Catalano*

**Capítulo 4: Identidade do professor e problemas políticos atuais da formação docente na Turquia** 77
*Abdullah Cendel Karaman e Emrullah Yasin Çiftçi*

**Capítulo 5: Ascensão e queda do setor privado na formação de professores em Portugal** 91
*Manuel António Silva e Maria Alfredo Moreira*

# Apresentação

*Júlio Emílio Diniz-Pereira*

Este livro reúne textos de uma proposta de mesa-redonda que foi enviada e aprovada para apresentação na reunião anual da Associação de Pesquisa Educacional dos Estados Unidos [American Educational Research Association] (AERA) em Washington, em 2016. Foram convidados colegas de cinco países para participar desse evento (em ordem alfabética): Brasil, Chile, Estados Unidos, Portugal e Turquia. A mesa contou também com a participação de Kenneth Zeichner, professor titular da Universidade do Estado de Washington, em Seattle, e professor emérito da Universidade do Estado de Wisconsin, em Madison, como debatedor (*discussant*). Posteriormente, Zeichner foi convidado para organizar, juntamente comigo, este livro e escrever o texto de introdução – os convites foram aceitos prontamente por ele.

Como sugere o subtítulo deste livro, o propósito da mesa-redonda foi discutir um fenômeno relativamente novo no campo da educação: tentativas de privatização da formação de professores da educação básica no mundo. Este livro, como mencionado anteriormente, organizado a partir de textos apresentados e discutidos naquele evento, manteve o objetivo da mesa em razão da preocupação dos organizadores com o fenômeno da privatização da formação de professores e as consequências que ele pode trazer para a qualidade da educação e para a reprodução das desigualdades sociais em diferentes países do mundo.

Desde que a educação passou a ser tratada pela Organização Mundial do Comércio (OMC) como uma mercadoria ou como uma *commodity* (assim como o ouro, o petróleo, o carvão ou a soja) passível de ser comercializada e de se obter lucros por meio desta, observa-se um crescimento exponencial de instituições privadas interessadas em comercializar este novo "produto": a educação. Tal crescimento é observado principalmente no ensino superior e, infelizmente, tem atingido em cheio a formação de professores para a educação básica.

Os textos que fazem parte desta coletânea apresentarão números que atestam esse avanço exponencial de presença e atuação da iniciativa privada na educação e, mais especificamente, no ensino superior e na formação de professores, em diferentes países do mundo. No Brasil, como apresentado no Capítulo 1, a privatização da preparação dos professores da educação básica deixou de ser, há algum tempo, uma tendência para ser uma triste realidade. Instituições privadas, muitas delas sem tradição alguma na oferta de cursos de licenciatura, respondem *quantitativamente* pela formação de professores brasileiros que atuam na educação básica. Ao ler este livro, será interessante – e chocante – observar que países tão distantes e tão diferentes, como o Brasil e a Turquia, tema discutido no Capítulo 4, por exemplo, apresentam realidades semelhantes quanto ao mesmo fenômeno: a privatização da formação de professores da educação básica. Isso pode ser uma evidência de que estamos tratando aqui de um fenômeno global!

Não menos chocante será conhecer um pouco mais sobre a realidade de um país da América do Sul, o Chile, que tem sido recorrentemente citado como um "exemplo a ser seguido" pelo atual governo brasileiro. Isso porque "o laboratório" – como o Chile é chamado pelos autores do Capítulo 2 deste livro, por este ter sido historicamente usado como "o laboratório" das políticas neoliberais no mundo – pode nos ensinar muitas lições que, na realidade, deveriam ser evitadas por todos aqueles países que buscam seriamente construir sociedades realmente democráticas – mais justas, mais igualitárias – e menos discriminatórias, além de mais humanas e mais fraternas. Como veremos por meio da leitura desse capítulo, em razão da intensa privatização dos bens e dos serviços públicos, perdeu-se completamente, no Chile, a noção de distinção entre o público e o privado. O dinheiro público é recorrentemente usado para financiar instituições privadas – que são consideradas "públicas" simplesmente por oferecerem serviços considerados "públicos" –, e instituições públicas estatais, inclusive universidades – que, mesmo nesse cenário de privatização fortíssima, continuaram a existir –, passaram a se organizar e a funcionar em consonância com lógicas e culturas privadas e/ou privatistas.

Aliás, a adoção acrítica de lógicas privadas e/ou privatistas em instituições públicas – em especial aquelas responsáveis pela preparação de professores da educação básica – ou a construção, também acrítica, de uma cultura privada e/ou privatista nessas instituições é o tema do texto sobre os Estados Unidos, trazido no Capítulo 3. A pesquisa de natureza *qualitativa* realizada com dois professores novatos, estudantes de uma universidade "pública" – assim como no Chile, também não há ensino superior gratuito nos EUA –, mas que realizaram o estágio supervisionado ou a residência docente por meio de uma instituição privada, evidencia conflitos e tensões entre essas instituições na busca da construção de "parcerias", bem como conflitos e tensões que devem ser gerenciados pelos professores iniciantes durante a realização de suas residências docentes. A adoção acrítica nos discursos desses professores de termos e expressões que são comumente utilizados nas instituições privadas ou que são comuns dentro da lógica privada/privatista é um dos alertas que as autoras desse capítulo fazem. Coincidentemente, no Brasil, não é raro encontrar pessoas no meio educacional que passaram a adotar acriticamente termos e expressões comuns no meio empresarial para se referirem a questões ligadas à educação: "investir", "agregar valor", "produto", "clientela", etc.

Por fim, dentro desse quadro preocupante, alarmante e, até mesmo, deprimente e desolador, a esperança parece vir de Portugal, assunto do Capítulo 5. Os autores apresentam dados que mostram que, nesse país ibérico, a realidade atual parece contrariar a tendência global de privatização da formação de professores da educação básica. O número de instituições públicas que formam professores não é apenas bem maior, como há também uma forte tendência de diminuição da presença e da participação da iniciativa privada na preparação de docentes para a educação básica. Porém, os autores do texto alertam que Portugal, mesmo vivendo uma situação aparentemente tranquila nesse aspecto, não está completamente imune às tendências privatistas globais.

Desejamos a todos(as) uma ótima leitura e esperamos que, por meio dela, sejamos capazes de buscar alternativas a essas tendências preocupantes no cenário da formação de professores da educação básica no mundo.

# Introdução

*Kenneth Zeichner*
*Tradução: Andreas Lieber*

Nas duas últimas décadas, a docência, os professores e a sua formação estiveram no centro das políticas educacionais em todo o mundo (Akiba; Le Tendre, 2018). Uma das principais conclusões da crescente literatura internacional sobre o tema tem sido que o poder sobre a educação passou de um nível nacional para um nível mais global em razão da crescente influência de instituições como o Banco Mundial e a Organização para a Cooperação e Desenvolvimento Econômico (OCDE), de empresas internacionais de consultoria, como a McKinsey & Company e o grupo Boston Consulting, e de uma filantropia individual e corporativa (Robertson, 2012). Essas tendências gerais de reformas por meio da formulação de políticas educacionais afetaram as políticas docentes e as práticas de professores em vários países (Furlong; Cochran-Smith; Brennan, 2009; Moon, 2016; Trippestad; Sweenen; Walker, 2017).

Além das crescentes evidências de uma governança de caráter mais global do que nacional das políticas e reformas educacionais, certa ênfase em tais iniciativas tem se difundido ao redor do mundo. Por exemplo, muitos estudiosos analisaram as reformas neoliberais promovidas e orientadas para o mercado que enfatizaram o avanço das habilidades individuais e empresariais dentro de uma estrutura institucional caracterizada por fortes direitos de propriedade privada, livre mercado e livre comércio. Essa abordagem neoliberal de pressões reformistas afirma que "o bem comum será maximizado pela potencialização do alcance e da frequência das transações de mercado, buscando introduzir toda ação humana no domínio do mercado" (HARVEY, 2005, p. 3). Isso tem se mostrado como um crescente empurrão para a desregulamentação e a privatização tanto da escolarização quanto da formação de professores em várias partes do mundo (KLEES, 2008; MOON, 2016; ZEICHNER, 2010).

Dentro dessa ampla direção de reformas educacionais focadas no mercado, Sahlberg (2012) identificou algumas tendências mais específicas promovidas em vários países e que ele aponta como parte de um Movimento Global de Reforma Educacional [Global Educational Reform Movement – GERM]. De acordo com Sahlberg (2012), a disseminação do GERM significou uma ênfase tanto na ampla padronização da educação, quanto na centralização do currículo em matemática, ciências e alfabetização em detrimento de outras disciplinas. Ele também destaca que ocorreu uma ênfase em currículos prescritos para atingir objetivos de aprendizagem predeterminados, bem como a transferência das práticas do mundo corporativo como lógica principal para a gestão educacional, a crescente adoção de altos níveis de responsabilização (ou de prestação de contas; *accountability*) e os testes padronizados como medida para o chamado "sucesso educacional".

Por último, Tatto e Plank (2007) analisam duas tensões existentes nas políticas e nas reformas internacionais que dizem respeito à docência e à formação de professores: 1) a tensão entre professores vistos como profissionais reflexivos, que promovem liberdade de pensamento e expressão em sala de aula, e professores burocratas, que obedecem e seguem de maneira efetiva os roteiros prescritos de ensino; 2) a tensão entre a formação profissional de professores, que prepara docentes para o desenvolvimento de competências adaptativas, e uma preparação técnica, que treina professores para seguirem roteiros "eficazes" de ensino para um currículo padronizado. Tatto e Plank argumentam, ainda, que ocorre tanto convergência quanto divergência nas políticas entre os diferentes sistemas educacionais em relação a essas duas tensões e mostram como um grupo de países se movimentou ao longo do tempo em ambas as direções.

Nos últimos anos, no que diz respeito às políticas de formação de professores, vimos essas reformas itinerantes, como a proliferação de reformas normatizantes, a rápida expansão do Teach for All, uma organização que passou de dois para 46 programas de formação docente ao redor do mundo, fundada em 2007 pelo Teach First, no Reino Unido, e pelo Teach for America, nos EUA, e a disseminação da competição de mercado na formação de professores por meio do estabelecimento de instituições independentes e não vinculadas a faculdades e universidades a fim de preparar profissionais capazes de trabalhar com estudantes que vivem em condições precárias (ELLIS, et al., 2016; FURLONG; COCHRAN-SMITH; BRENNAN, 2009).[1]

No entanto, embora haja claramente alguma evidência de convergência ao redor do mundo quanto a estruturas, práticas e políticas relacionadas à docência e à formação de professores, também há evidências substanciais de que práticas, bem como tradições e instituições, históricas e culturais nacionais e locais negociam a implantação dessas políticas e reformas globais (PAINE; ZEICHNER, 2012). Tatto (2007) apresenta uma variedade de estudos de caso de países como China, Alemanha, México, Japão e Guiné, que mostram como os fatores e as estruturas culturais locais se relacionam com as reformas de ensino, e a formação de professores, que frequentemente resultam em uma hibridização de políticas e reformas (ver BLOMEKE, 2007; PAINE; FANG, 2007). Os capítulos deste livro que examinam a formação de professores no Brasil, no Chile, em Portugal, nos EUA e na Turquia mostram processos semelhantes de mediação entre essas influências globais, as tradições e as estruturas locais e nacionais.

Moon (2013) documenta como países em algumas partes do mundo não são capazes de atender à enorme necessidade de novos professores por meio de programas de ensino presenciais, sejam públicos, sejam privados, explorando o uso de novas tecnologias e de uma preparação mais focada na escola a fim de ajudar a atender à necessidade da formação de professores em áreas em que a capacidade de investimento governamental é bastante limitada. Em algumas partes do mundo, os governos estão sobrecarregados com o pagamento de

---

[1] Por exemplo, o Instill Education, inspirado nas instituições educacionais Relay e Sposato Graduate, nos EUA, e fundado por um ex-funcionário da McKinsey & Co, levou a ideia de um programa de pós-graduação privado não vinculado a faculdades ou universidades para a África do Sul. O primeiro campus da Instill Education está sendo administrado por um reitor formado pela Teach for America e ex-administrador da Relay Graduate School of Education, em Newark, Nova Jersey. <http://www.instill.education.com>.

dívidas nacionais e com a falta de crescimento econômico, e, ainda que fosse possível, eles não têm recursos para atender à demanda de professores em um sistema estatal. Em várias partes do sul global, apesar da resistência e da crítica (ver TABUALWA, 2003), o Banco Mundial tem tido uma poderosa influência quanto à instalação de abordagens neoliberais e de elementos do GERM tanto na educação quanto na formação de professores (KLEES; SAMOFF; STROMQUIST, 2012).

Embora tenha havido forte pressão para implementar reformas direcionadas para o mercado no ensino e na formação de professores, nem todos os países, nem seus sistemas educacionais avançaram em tal direção. Darling-Hammond *et al.* (2017) resumem as conclusões de um estudo internacional de políticas e práticas relacionadas à docência e à formação de professores em sete sistemas educacionais em cinco países (Austrália, Canadá, Finlândia, Cingapura e China). O estudo aponta governos federais ou estaduais que rejeitaram amplamente a desregulamentação e a privatização da formação de professores, bem como investiram na construção e na manutenção de um sólido sistema universitário de formação de professores e na construção do magistério como uma profissão, por meio do fornecimento de subsídios à preparação de professores para reduzir o custo para os indivíduos e de recursos às instituições de formação (ver CAMPBELL *et. al.*, 2017).

Esses sete sistemas educacionais oferecem políticas e práticas bastante coerentes entre a formação de professores e a educação básica que se concentram na preparação de profissionais providos de disposição e capacidade de exercitar seu julgamento em sala de aula, aprender uns com os outros e continuar aprendendo ao longo de suas carreiras. E como Darling-Hammond *et al.* (2018, p. 336) apontam:

> [...] esses países não apenas selecionam e preparam educadores, como também organizam deliberadamente o compartilhamento de experiências entre professores e gestores dentro e entre escolas, de modo que o sistema como um todo seja mais eficaz.

Em muitos sistemas educacionais, há uma grande variação em como as reformas educacionais e de formação de professores têm sido mediadas em função de uma variedade de fatores incluindo a localização geográfica, a composição da classe social das escolas em diferentes áreas e o nível de investimento na educação pública. Algumas partes do mundo, por exemplo, apoiam sistemas universitários de formação de professores apenas para alguns alunos e confiam cada vez mais em programas aligeirados e on-line para preparar professores a fim de fornecer mão de obra "qualificada" para escolas rurais remotas que atendem alunos vivendo em condições precárias, onde geralmente há uma escassez de professores (ZEICHNER, 2018). Essa ideia de "bem comum" como algo limitado aos grupos dominantes em uma sociedade é ilustrada por um estudo recente desenvolvido em Israel e na Palestina que discute como os interesses e as perspectivas dos palestinos foram marginalizados nas políticas e práticas de ensino e de formação de professores naquela região do mundo (ABU-ASAD, 2018).

Em suma, a influência de fatores globais educacionais e econômicos sobre a formação de professores em países específicos e em lugares específicos dentro destes é muito complexa e não pode ser compreendida por meio de afirmações excessivamente simplistas sobre a hegemonia das políticas e as reformas neoliberais. Neste livro, observam-se países e sistemas educacionais tentando lidar com as tensões entre influências globais e tradições e práticas históricas, culturais e institucionais a partir de diferentes modos e exemplos de contestação e resistência. Sabemos também, com base no trabalho de Tatto e Plank (2007), que essas formas de mediar as tensões mudam com o tempo. Os capítulos deste livro nos esclarecem como essas negociações acontecem em um determinado grupo de países na atual conjuntura global.

## Referências

ABU-SAAD, I. Teacher Education Policy and Practice in Israel from the Perspective of Those Outside the Common Good. In: HOBBEL, N.; BALES, B.L. (Eds.). *Navigating the Common Good in Teacher Education Policy*. Nova York: Routledge, 2018. p. 195-212.

AKIBA, M.; LE TENDRE, G.K. (Eds.). *International Handbook of Teacher Quality and Policy*. Nova York: Routledge, 2018.

BLOMEKE, S. The Impact of Global Tendencies on the German Teacher Education System. In: TATTO, M.T. (Ed.). *Reforming Teaching Globally*. Oxford: Oxford University Press, 2007. p. 55-74.

CAMPBELL, C. et al. (Eds.). *Empowered Educators in Canada: How High Performing Systems Shape Teaching Quality*. São Francisco: Jossey-Bass, 2017.

DARLING-HAMMOND, L.; LIEBERMAN, A. (Eds.). *Teacher Education Around the World: Changing Policies and Practices*. Nova York: Routledge, 2012.

DARLING-HAMMOND, L. et al. *Empowering Educators: How High Performing Systems Shape Teaching Quality Around the World*. São Francisco: Jossey-Bass, 2017.

DARLING-HAMMOND, L. et al. International Lessons in Teacher Education. In: AKIBA, M.; LETENDRE, G. K. (Eds.). *International Handbook of Teacher Quality and Policy*. Nova York: Routledge, 2018. p. 336-349.

ELLIS, V. et al. Teaching Other People's Children, Elsewhere, for a While: The Rhetoric of a Travelling Educational Reform. *Journal of Educational Policy*, Londres, v. 31, n. 1, p. 60-80, ago. 2016.

FURLONG, J.; COCHRAN-SMITH, M.; BRENNAN, M. (Eds.). *Policy and Politics in Teacher Education: International Perspectives*. Londres: Routledge, 2009.

HARGREAVES, A.; FULLAN, M. *Professional Capital: Transforming Teaching in Every School*. Nova York: Teachers College Press, 2012.

HARVEY, D. *A Brief History of Neoliberalism*. Oxford: Oxford University Press, 2005.

KLEES, S. A Quarter Century of Neoliberal Thinking in Education: Misleading Analyses and Failed Policies. *Globalisation, Societies and Education*, Londres, v. 6, n. 4, p. 311-348, nov. 2008.

KLEES, S.; SAMOFF, J.; STROMQUIST, N. (Eds.). *The World Bank and Education: Critiques and Alternatives*. Roterdão: Sense Publishers, 2012. p. 209-226.

MOON, B. (Ed.). *Teacher Education and the Challenge of Development: a Global Analysis*. Londres: Routledge, 2013.

MOON, B. (Ed.). *Do Universities Have a Role in the Education and Training of Teachers: an International Analysis of Policy and Practice*. Cambridge: Cambridge University Press, 2016.

PAINE, L.; FANG, Y. Dilemmas in Reforming China's Teaching: Assuring Quality in Professional Development. In: TATTO, M. T. (Ed.). *Reforming Teaching Globally*. Oxford: Oxford University Press, 2006. p. 21-54.

PAINE, L.; ZEICHNER, K. The Local and Global in Reforming Teaching and Teacher Education. *Comparative Education Review*, Chicago, v. 56, n. 4, p. 569-583, nov. 2012.

ROBERTSON, S. Placing Teachers in Global Governance Agendas. *Comparative Education Review*, Chicago, v. 56, n. 4, p. 584-607, nov. 2012.

SAHLBERG, P. *Finnish Lessons: What Can the World Learn From Educational Change in Finland?* Nova York: Teachers College Press, 2012.

TABULAWA, R. International Aid Agencies, Learner-Centered Pedagogy and Political Democratization: a Critique. *Comparative Education Review*, Chicago, v. 39, n. 1, p. 7-26, 2003.

TATTO, M.T. (Ed.). *Reforming Teaching Globally.* Oxford: Oxford University Press, 2007.

TATTO, M.T.; PLANK, D. The Dynamics of Global Teaching Reform. In: TATTO, M.T. (Ed.). *Reforming Teaching Globally.* Oxford: Symposium Books, 2007. p. 267-276.

TRIPPESTAD, T.; SWENNEN, A,; WALKER T. (Eds.). *The Struggle for Teacher Education: International Perspectives on Governance and Reforms.* Londres: Bloomsbury, 2017.

ZEICHNER, K. Competition, Economic Rationalization, Increased Surveillance, and Attacks on Diversity: Neo-Liberalism and the Transformation of Teacher Education in the U.S. *Teaching and Teacher Education*, Stanford, v. 26, n. 8, p. 1544-1552, 2010.

ZEICHNER, K. *The Struggle for the Soul of Teacher Education.* Nova York: Routledge, 2018.

CAPÍTULO 1

# A situação atual dos cursos de licenciatura no Brasil frente à hegemonia da educação mercantil e empresarial[1]

*Júlio Emílio Diniz-Pereira*[2]

**Introdução**

O propósito deste artigo é discutir os desafios atuais da formação de professores para a educação básica no Brasil em um contexto de hegemonia da chamada educação mercantil e empresarial.

Quando publiquei o livro *Formação de professores: pesquisas, representações e poder*, em 2000, com base em uma investigação acadêmica que eu havia concluído em 1996, eu imaginava que, em relação à questão das licenciaturas no Brasil, nós havíamos chegado ao fundo do poço. Ledo engano. A situação ainda poderia piorar muito, como, infelizmente, parece que aconteceu.

Há exatos vinte e dois anos, quando iniciei a minha pesquisa, inquietava-me compreender o porquê do descaso e do desprestígio

---

[1] Este texto subsidiou a aula inaugural do autor no Programa de Pós-Graduação em Educação da Universidade Federal de São Carlos (UFSCar), no dia 18 de março de 2015. Versões anteriores desse mesmo texto subsidiaram a palestra do autor na Universidade do Minho, em Braga, Portugal, no dia 8 de setembro de 2014, bem como a participação dele durante a mesa de encerramento do IX Simpósio de Formação e Profissão Docente (SIMPOED), em Ouro Preto, Minas Gerais, no dia 29 de maio de 2013.

[2] Professor do Programa de Pós-Graduação em Educação da Universidade Federal de Minas Gerais (UFMG). Doutor em Educação pela University of Wisconsin-Madison, nos Estados Unidos. Contato: juliodiniz@ufmg.br.

das questões relacionadas ao ensino e, mais especificamente, à formação de professores, no interior do campo universitário brasileiro (ver DINIZ-PEREIRA, 2000). Entre outras coisas, descobri que tal realidade nem sempre foi assim, e aquilo que vivíamos na época em relação às licenciaturas era fruto de mudanças conjunturais no país e transformações ocorridas no interior das próprias universidades brasileiras. Trata-se de uma discussão complexa, a qual não tenho intenção nem condições de reproduzir. Porém, é importante ressaltar que, nessa época, a formação de professores ainda se concentrava nas universidades públicas.

Em um curto intervalo de tempo, observa-se que instituições privadas, muitas delas sem tradição alguma na oferta de cursos de licenciatura, passaram a responder *quantitativamente* pela formação de professores da educação básica no país. Como veremos por meio dos dados apresentados a seguir, os programas de preparação para o magistério acompanharam um movimento mais geral de expansão da educação superior no Brasil, prioritariamente, via iniciativa privada.

## A expansão do ensino superior no Brasil [via iniciativa privada]

Segundo dados do Censo da Educação Superior, sistematizados pelo Instituto Nacional de Estudos e Pesquisas Educacionais Anísio Teixeira (INEP) por meio de resumos técnicos, o número de instituições privadas de ensino superior aumentou 197,1% entre 1995 e 2007. Em contrapartida, o número de instituições públicas aumentou apenas 18,6% no mesmo período. Em 2007, existiam 2.032 instituições de ensino superior (IES) privadas e apenas 249 públicas (BRASIL, 2009).

Ainda de acordo com os dados do Censo da Educação Superior sistematizados pelo instituto, o número de alunos matriculados em cursos presenciais no ensino superior brasileiro passou de 1,76 milhão, em 1995, para 4,88 milhões, em 2007, o que representa um aumento de 177%. (BRASIL, 2009). Em 2011, esse número chegou a 6,74 milhões de matrículas (BRASIL, 2013). Esse crescimento significativo aconteceu predominantemente via iniciativa privada, cuja participação no número total de matrículas passou de 60,2%, em 1995, para 74,6%, em 2007 (BRASIL, 2009).

É importante destacar, porém, que apesar desse incremento impressionante, nos últimos anos, em relação ao número de brasileiros matriculados em cursos de graduação, o Brasil encontra-se ainda em uma posição bastante desfavorável se comparado a países da Organização para a Cooperação e Desenvolvimento Econômico (OCDE) e mesmo em relação a outros países da América Latina como Argentina, Chile e Colômbia.[3] Estima-se que hoje, no Brasil, menos de 20% de nossos jovens tenham acesso ao nível superior de ensino. Na visão dos chamados "empresários da educação", isso significa que o Brasil ainda tem muito espaço para crescer no ensino superior e, portanto, ainda há muitas oportunidades claras de investimentos lucrativos e rentáveis nesse "mercado".

## Universidade S/A: O "mercado" da educação superior no Brasil

Como foi amplamente noticiado, o Acordo Geral sobre Comércio de Serviços [General Agreement on Trade in Services (GATS)], assinado pelos países-membros da Organização Mundial do Comércio (OMC), em 1995, mas que passou a valer somente a partir de 2005, atribuiu à educação valor de mercadoria a ser utilizada na economia global. A assinatura desse documento aguçou o apetite de grupos econômicos por investimentos lucrativos e rentáveis na área de educação e, especificamente, no ensino superior.[4]

Segundo Oliveira (2009, p. 752), em escala mundial, "o setor de educação internacional movimenta, anualmente, US$ 2,2 trilhões". No Brasil, "estima-se que o ensino privado movimente, por ano, R$ 90 bilhões, o equivalente a aproximadamente 3% do PIB". Ainda de

---

[3] Ao comparar a taxa bruta de matrículas no ensino superior no Brasil, que é de 20%, com a de outros países – Finlândia (87%), EUA (82%), Austrália (72%), Argentina (61%), Chile (43%) e Colômbia (27%) –, percebe-se facilmente o desafio que o nosso país tem pela frente.

[4] Para uma discussão sobre a privatização do ensino superior no Chile, sugiro a leitura do livro de María Olivia Mönckeberg, *La privatización de las universidades* [A privatização das universidades] (2005). Para uma análise sobre os efeitos das ideias neoliberais e das políticas de mercado na educação estadunidense em geral e, mais especificamente, na formação de professores, recomendo a leitura do livro do professor Kenneth Zeichner, recentemente publicado no Brasil (ZEICHNER, 2013).

acordo com esse autor, "de 2001 a 2008 o setor do ensino privado aumentou seu movimento de capitais de R$ 10 bi para 90! Nenhum setor na economia brasileira cresceu tanto no período". Ao analisar os dados apresentados em seu artigo, o autor chega à seguinte conclusão:

> Em vista disso, coloca-se a questão: a educação transformou-se em mercadoria? Recorrendo a uma definição de mercadoria, apresentada em Bottomore (1998, p. 266), pode-se dizer que "mercadoria" é tudo que possa ser "comprado ou vendido" numa perspectiva de acumulação de capital. À luz dos dados aqui apresentados, resta pouca dúvida de que a educação tenha se transformado em importante mercadoria (OLIVIERA, 2009, p. 753).

Dentro do imenso e diversificado "mercado" da educação, existe um setor que tem recebido atenção privilegiada por parte dos empresários e investidores: o ensino superior.

Entre as dez maiores instituições de ensino superior no país – em relação ao número de alunos matriculados em cursos de graduação –, apenas três são públicas. Em primeiro lugar está a Universidade Paulista (UNIP) com 145.498 matrículas. A Universidade Estácio de Sá, do Rio de Janeiro, apresenta-se logo em seguida com 116.959 discentes matriculados na graduação. Em terceiro lugar vem a Universidade Nove de Julho (UNINOVE), também de São Paulo, com 84.398 matrículas. A Universidade de São Paulo (USP), a IES pública com melhor colocação, aparece apenas em 6º lugar, com um total de 49.774 alunos matriculados em cursos de graduação.

A UNIP, a Estácio, a UNIVERSO, bem como a Universidade Presidente Antônio Carlos (UNIPAC), sediada no estado de Minas Gerais, são universidades-empresa, consideradas de massa e que têm como principais características a cobrança de mensalidades mais baixas e um alto número de alunos. O perfil de aluno – também chamado de "comprador" ou "cliente" – predominante nessas instituições é de jovem trabalhador, das classes C, B ou D, que mora em grandes centros urbanos, estuda à noite[5] e tem uma idade média bem superior à do

---

[5] Em 2011, as matrículas em cursos de graduação noturnos em instituições privadas somavam 3,04 milhões, ou seja, 73,2% do total de matrículas nessas instituições (BRASIL, 2013).

aluno de outras instituições privadas consideradas de elite ou alunos de universidades públicas.

No interior do país, em cidades pequenas e médias em que praticamente não há opções de instituições públicas de ensino superior, predominam IES privadas de pequeno porte,[6] também chamadas de "faculdades isoladas", que cobram mensalidades ainda mais baratas do que as tais "universidades de massa" e visam, principalmente, ao "mercado" (sic) da classe D.

A participação de entidades estrangeiras em IES brasileiras, apesar de ser um fenômeno bastante recente no Brasil, apresenta-se como uma possível tendência.[7] Por exemplo, o Laureate Education, grupo com sede nos Estados Unidos, adquiriu, em 2005, 51% do capital da Anhembi Morumbi, a 27ª IES privada em número de alunos no país. O movimento inverso também acontece. As universidades-empresa do Brasil passaram a fazer investimentos em IES no exterior. A Universidade Estácio de Sá, por exemplo, adquiriu 100% da Asociación de Estúdios Superiores de Las Américas, no Paraguai, e 80% da Escuela de Informática SRL, no Uruguai, em 2007.

Essas e várias outras transações, como as apresentadas por Oliveira (2009, p. 751), revelam, nas palavras desse autor, que "o ritmo da expansão das instituições com fins lucrativos, particularmente aquelas suportadas por fundos de investimento e/ou ações na bolsa de valores".

Outro "mercado" dentro do ensino superior que cresceu exponencialmente no Brasil, nos últimos anos, foi o da educação a distância (EaD). Trataremos desse assunto por meio de um tópico específico a seguir.

---

[6] Segundo dados do Censo da Educação Superior, em 2011, verifica-se que 58,9% do conjunto de IES, cuja maioria absoluta é privada, possuem até 1.000 matrículas e que as instituições com mais de 5.000 matrículas representam menos de 12% do total geral de IES (BRASIL, 2013).

[7] Segundo Oliveira (2009), com o "temor da internacionalização do mercado interno", o MEC propôs "limitar a participação estrangeira a 30% do capital total das escolas" (p. 752). Para o autor, essa proposta é inócua, uma vez que as instituições educacionais brasileiras podem lançar ações na bolsa de valores, como aliás já acontece, e a legislação brasileira não proíbe que capitais internacionais invistam na bolsa e tampouco impõe limites para que estes comprem ações nesse fundo de investimento.

## Perspectiva de aumento de lucro e rentabilidade: a EaD

A taxa de crescimento da EaD no Brasil, concentrada principalmente nas IES privadas – que correspondem hoje a 74% do total –, foi de impressionantes 808% entre 2002 e 2007. As matrículas nessa modalidade de ensino passaram de 31.712, em 2002, para 838.125, em 2009. Isso, segundo Giolo (2008, p. 1219-1220), representou um "crescimento de mais de 12.000% no conjunto das matrículas de educação a distância" e derivou "especialmente do investimento privado na área, que, embora iniciado tardiamente, em curtíssimo tempo, passou a dominar o cenário, primeiro em termos de oferta (cursos) e, depois, em termos de clientela (matrículas)".

Ainda, conforme constatado por Giolo, a partir de 2002, a iniciativa privada credenciou-se "de forma avassaladora" para a oferta de EaD no Brasil. Ele explica como isso aconteceu:

> A iniciativa privada [...] tendo explorado todos os caminhos da educação superior presencial (os cursos de fácil oferta – bacharelados, licenciaturas e tecnológicos) e tendo já experimentado, ali, os limites da demanda, bateu às portas do MEC, solicitando credenciamento para atuar com educação a distância (GIOLO, 2008, p. 1224).

Sécca e Leal (2009) explicitam a lógica empresarial que está por trás desse grande interesse da iniciativa privada no Brasil pela educação a distância: "a EaD é capaz de proporcionar redução de custos e aumento de capilaridade para as IES, por permitir atingir um número maior de estudantes por docente via a utilização de recursos tecnológicos" (p. 145). Ou seja, a garantia de lucros ainda maiores para os "empresários da educação" aumenta bastante por meio de investimentos na EaD.

Dados divulgados pelo INEP revelam que o "típico aluno" da educação a distância é do sexo feminino, cursa licenciatura e frequenta uma instituição privada (BRASIL, 2013). A seguir, continuaremos a discutir o "mercado" (sic) da EaD no Brasil com foco sobre os programas de formação de professores para a educação básica nessa modalidade de ensino.

## Formação de professores no Brasil: privada, noturna e crescentemente a distância

É inegável que a formação acadêmico-profissional de professores no Brasil acontece, hoje, principalmente no ensino superior privado, especialmente, em universidades-empresa de massa e em faculdades isoladas e, de modo crescente, por meio de cursos a distância – a maioria deles também privada. Não é de se espantar, então, que a maioria dos professores que atuam em escolas da educação básica atualmente seja formada em instituições privadas, não universitárias e em cursos ofertados no período noturno (GATTI; BARRETO, 2009; SCHEIBE, 2010). Ou seja, no Brasil, "a ampla presença do setor privado na formação inicial de professores não pode ser ignorada" (MONFREDINI *et al.*, 2013).

No Estado de São Paulo, o mais rico da federação, tal proporção chegou, em 2010, a 94% de instituições e "organizações" de ensino superior privadas, contra 6% públicas, tendo em vista a oferta de cursos de licenciatura.

Em 2011, do total de 30.420 cursos de graduação no Brasil, 7.911, ou seja, 26%, eram licenciaturas. E, em relação a 2010, observa-se uma diminuição de 0,1% de cursos de formação de professores no país. Nas licenciaturas, verifica-se também que, na comparação entre 2011 e 2010, houve um decréscimo de 0,2% de matrículas presenciais nesses cursos. No caso de matrículas em cursos a distância, o crescimento observado equivale a 0,8% para as licenciaturas. Em números absolutos, tem-se, em 2011, 429.549 matrículas em cursos de licenciatura na modalidade a distância – a maior proporção entre os cursos de graduação no país, ou seja, 43,3% (BRASIL, 2013).

Essa diminuição da oferta de cursos de licenciatura e das matrículas em programas presenciais de formação de professores e o concomitante aumento de matrículas a distância, apesar de ainda pequenos – 0,1%, 0,2% e 0,8%, respectivamente –, podem indicar uma preocupante tendência no campo: a gradual substituição dos programas presenciais de formação de professores por cursos de EaD. Gatti e Barreto (2009, p. 51), em relatório da UNESCO sobre os professores do Brasil, já expressavam sua preocupação com "a proliferação de cursos de licenciatura a distância" no país. As autoras deixaram a seguinte pergunta no ar: "a formação de docentes far-se-á para as novas gerações apenas em cursos não presenciais?".

## As lógicas de funcionamento das universidades-empresa de formação docente

Como sabemos, as instituições privadas de ensino superior têm lógicas de funcionamento muito diferentes das universidades públicas. Há denúncias gravíssimas sobre a precariedade da formação de professores em muitas dessas instituições privadas em que decisões são tomadas com base em "determinações rentistas", na "busca pela rentabilidade" e fundamentadas no discurso da "sustentabilidade financeira" (ver MONFREDINI *et al.*, 2013).

Tais lógicas fazem com que os cursos de formação de professores nessas instituições tenham duração média de três anos, período menor que a duração média das licenciaturas nas universidades públicas ou nas instituições privadas com tradição na oferta de tais cursos – que têm, em média, quatro anos. Além disso, tais lógicas fazem também com que parte da carga horária desses programas seja cumprida por meio de educação a distância – assumida, inclusive, em alguns casos, por empresas terceirizadas! – e que a flexibilização curricular seja usada para que tais universidades-empresa aumentem ou mantenham suas margens de lucro.

O pior é que essas universidades-empresa, ainda assim, vêm sofrendo com a baixa procura e a grande evasão de alunos nos cursos de licenciatura, dado o enorme desprestígio social da profissão de magistério atualmente no Brasil. Não tem sido tarefa fácil convencer os jovens brasileiros que vale a pena ser professor da educação básica!

Não há dúvidas que vivemos uma gravíssima crise do magistério em todo o país (ver, por exemplo, GATTI; BARRETO, 2009; GATTI, 2010; DINIZ-PEREIRA, 2011). Uma triste evidência dessa crise encontra-se, por exemplo, na notícia publicada pelo jornal *Folha de S. Paulo*, em 2013, sobre alunos de escolas públicas da rede estadual de educação no Rio Grande do Norte, que foram obrigados a fazer rodízio de professores em função da suposta escassez desse profissional no mercado ou, conforme foi realmente constatado, da quase inexistência de candidatos para o concurso público para o magistério naquele estado devido aos baixíssimos salários oferecidos a esses profissionais.

Dados fornecidos pelo próprio governo federal indicam que, por um lado, existe a necessidade de formar/certificar um enorme número de professores no Brasil, ou seja, há um déficit de profissionais da educação básica (especialmente, em algumas áreas do conhecimento e, particularmente, em algumas regiões do país). Por outro lado, existe uma baixa ocupação de vagas nos cursos já existentes – e, por via de consequência, há cursos de licenciatura sendo fechados em várias instituições de ensino superior no país – e um número relativamente baixo de graduandos em relação ao número de vagas oferecidas. A dificuldade de os alunos manterem o próprio sustento durante a graduação, a baixa expectativa de renda em relação à futura profissão e o declínio do *status* social da docência fizeram que os cursos de licenciatura, tanto em instituições públicas quanto privadas, convivessem com altíssimas taxas de evasão e, consequentemente, permanecessem em constante crise.

Em razão dessa gravíssima crise do magistério no país, e para evitar que suas margens de lucro diminuam, as universidades-empresa acionam seus setores de marketing e de captação que atuam juntos para ajudar na "venda de seus produtos". O primeiro setor é responsável pela produção de materiais de divulgação sobre os cursos e, por meio deles, informam os potenciais candidatos/clientes que tais cursos *não* são "apenas de licenciatura" (o que, obviamente, pode parecer pejorativo) e que, com a conclusão desses programas e os respectivos diplomas, podem atuar em outras áreas profissionais que não "apenas o ensino". A função do setor de captação é justamente, de posse desse material, convencer o aluno-cliente a fazer/comprar tais cursos. Trabalham com a lógica do aluno-cliente, segundo a qual, "busca-se o menor investimento com o maior retorno" possível. Dizem vender sonhos. Mas, na verdade, parecem vender ilusões.

## Possibilidades

Se quisermos realmente levar a sério o discurso sobre a melhoria da qualidade em educação, precisamos urgentemente de políticas, programas e ações que *invertam* a atual situação (e as atuais tendências) evidenciada(s) para a formação de professores no Brasil (ver DINIZ-PEREIRA, 2013). As principais *inversões* que eu considero imprescindíveis em relação às tendências observadas sobre a preparação dos profissionais do magistério, em nosso país, estão resumidas no quadro a seguir.

| De: | Para: |
| --- | --- |
| Formação em nível médio | Formação em nível superior |
| Instituições privadas | Instituições PÚBLICAS |
| Instituições não universitárias | Instituições universitárias (ensino, pesquisa e extensão) |
| Cursos a distância | Cursos presenciais |
| Cursos noturnos | Cursos diurnos (em tempo integral)* |
| Cursos de curta duração (incluindo a "formação expressinha") | Cursos de, no mínimo, 3.200 horas |
| Apêndices dos cursos de Bacharelado | Cursos de Licenciatura com entradas separadas (identidades e terminalidades próprias) |
| Uma "dispersão" institucional | Papel central das Faculdades e Centros de Educação |
| Formação básica nos objetos específicos de ensino | Formação básica em conhecimentos pedagógicos ("base comum nacional") |
| Formação "apostilada" | Sólida base teórica (em conhecimentos pedagógicos, incluindo sobre os sujeitos da educação, sobre os objetos específicos de ensino, etc.) |
| Formação distante da realidade concreta | Forte articulação teoria e prática (pressupõe uma forte articulação das universidades com os sistemas de ensino) |

*Com a garantia de bolsas de estudo para todos aqueles que não podem arcar com os custos de um ensino integral, mesmo este sendo totalmente gratuito.

## À guisa de conclusão

Em seu livro, a professora Ivanise Monfredini e os demais colegas decidiram usar a "metáfora do deserto" para representar a dura realidade dos nossos cursos de licenciatura. Como denunciam as autoras, atualmente a maior parte da formação de professores no Brasil se realiza em um "ambiente hostil" em que "os interesses financeiros sobressaem aos pedagógicos".

Utilizando-se da mesma metáfora, como sabemos, a escassez de água faz com que a vida seja bem mais difícil no deserto. Nas atuais condições em que a maior parte dos cursos de formação de professores da educação básica se realiza em nosso país, teme-se profundamente pelo futuro de nossa nação.

Apesar dessa dura realidade, Monfredini *et al.* apresentaram também em seu livro experiências de formação de professores que representariam verdadeiros oásis em meio a tamanha hostilidade pedagógica. Como cheguei a escrever no prefácio desse livro, tais experiências não chegam a ser "de vanguarda" do ponto de vista da discussão mais avançada sobre formação docente no Brasil e no exterior. Porém, frente à aridez da formação oferecida nas chamadas "universidades-empresa", que concebem e tratam a educação como mera mercadoria, elas podem ser consideradas um fio de esperança em meio a um Saara de desilusão.

## Referências

BRASIL. Instituto Nacional de Estudos e Pesquisas Educacionais Anísio Teixeira. *Censo da educação superior 2007*. Brasília: INEP, 2009.

BRASIL. Instituto Nacional de Estudos e Pesquisas Educacionais Anísio Teixeira. *Censo da educação superior 2011*. Brasília: INEP, 2013.

DINIZ-PEREIRA, J. E. *Formação de professores: pesquisas, representações e poder.* Belo Horizonte: Autêntica, 2000.

DINIZ-PEREIRA, J. E. O ovo ou a galinha: a crise da profissão docente e a aparente falta de perspectiva para a educação brasileira. *Revista Brasileira de Estudos Pedagógicos*, Brasília, v. 92, n. 230, p. 34-51, jan./abr. 2011.

DINIZ-PEREIRA, J. E. Prioridades, metas, estratégias e ações para a valorização e a formação do profissional da educação. In: PINO, I. R.; ZAN, D.

D. P. (Orgs.). *Plano Nacional da Educação (PNE): Questões desafiadoras e embates emblemáticos*. Brasília: INEP, 2013.

GATTI, B. A.; BARRETO, E. S. *Professores do Brasil: impasses e desafios*. Brasília: UNESCO, 2009.

GATTI, B. A. Licenciaturas: crise sem mudança? In: ENCONTRO NACIONAL DE DIDÁTICA E PRÁTICA DE ENSINO (ENDIPE), 15, 2010, Belo Horizonte. *Anais*... Belo Horizonte: Autêntica, 2010, p. 485-508.

GIOLO, J. A educação a distância e a formação de professores. *Educação & Sociedade*, Campinas, v. 29, n. 105, p. 1211-1234, set./dez. 2008.

MÖNCKEBERG, M. O. *La privatización de las universidades: una historia de dinero, poder e influencias*. Santiago: Copa Rota, 2005.

MONFREDINI, I. et al. *O deserto da formação inicial nas licenciaturas e alguns oásis*. Jundiaí: Paco Editorial, 2013.

OLIVEIRA, R. P. A transformação da educação em mercadoria no Brasil. *Educação & Sociedade*, Campinas, v. 30, n. 108, p. 739-760, out. 2009.

SÁ, Danilo. Rio Grande do Norte faz "rodízio" de aluno por falta de professor, *Folha de S.Paulo*, São Paulo, 21 mar. 2013. Educação, p. 2.

SCHEIBE, L. Valorização e formação dos professores para a educação básica: questões desafiadoras para um novo Plano Nacional de Educação. *Educação & Sociedade*, Campinas, v. 31, n. 112, p. 981-1000, jul./set. 2010.

ZEICHNER, K. M. *Políticas de formação de professores nos Estados Unidos: como e por que elas afetam vários países no mundo*. Belo Horizonte: Autêntica, 2013.

CAPÍTULO 2

# Desregulamentação na formação de professores no Chile: lições do laboratório[1]

*Ilich Silva-Peña*[2]
*César Peña-Sandoval*[3]
*Tradução: Adriana Casarotti*

## Introdução

Em âmbito internacional, a discussão sobre os caminhos alternativos de formação do professorado é de longa data (DINIZ-PEREIRA, 1999; ZEICHNER, 2003, DARLING-HAMMOND; Lieberman, 2013). Na literatura da área, podemos ver que essa discussão se identifica com três diferentes pontos de vista nos processos de regulamentação/desregulamentação: os defensores, que apoiam a formação docente tradicional e pública; os reformistas, que desejam construir um sistema baseado nas políticas do mercado; e os transformadores, que reconhecem os pontos fortes e fracos dos institutos e das universidades públicas que formam os futuros professores, pensando na necessidade de construir um novo sistema de formação docente de caráter público (ZEICHNER; PEÑA-SANDOVAL, 2015).

Este trabalho apoia que a análise de um processo de desregulamentação da formação docente não deveria centralizar-se somente nas universidades privadas, mas sim no modelo econômico por meio do qual todas as instituições de educação superior são regidas. A discussão

---

[1] Parte deste trabalho foi financiado por projetos de pós-graduação do Fundo Nacional de Desenvolvimento Científico e Tecnológico do Chile (Fondecyt). Este texto foi originalmente publicado na *Revista Historia de la Educación Latinoamericana*, v. 15, n. 22, 2014.

[2] Centro de Investigación en Educación para la Justicia Social. Universidad Católica del Maule (UCM), Talca, Chile. Contato: illichsp@gmail.com.

[3] Pontifícia Universidade Católica de Valparaíso.

se dá em um país em que a confusão do público com o privado chega a níveis extremos. O Chile é um dos países em que as instituições estatais – que, a rigor, deveriam ser as mais públicas – são regidas por um sistema de financiamento privado. Em alguns momentos da história, esse modelo levou a um processo de desregulamentação da formação docente que afetou todo o sistema.

A ameaça ao sistema de educação superior vem não somente de fundações ou corporações privadas com fins lucrativos, mas também das próprias universidades públicas. Quando o autofinanciamento e a concorrência são os modelos que prevalecem, a formação pública de professores enfrenta os mesmos problemas e as mesmas transformações que têm regido as iniciativas privadas. Para exemplificar esse fenômeno, aqui mostramos a maneira como duas universidades públicas chilenas têm feito uso das políticas orientadas ao mercado para atrair muitos candidatos a professores, convertendo-se, dessa forma, em líderes na desregulamentação do mercado da formação de professores.

O Chile possui um sistema educacional de má formação. Esse sistema se modificou tanto nas instituições estatais como nas privadas, com apoio do Estado nos anos 1970, para hoje possuir múltiplas formas de financiamento que não permitem visualizar claramente até onde uma instituição é pública ou privada. Neste capítulo, deixaremos de lado a discussão sobre o que é público e o que é privado em uma instituição de educação superior. Apesar de acreditarmos que esta é uma discussão relevante e necessária, por ora, associaremos o ensino público ao que é estatal, porque sabemos que é o que deveria ser público. Já com respeito às universidades privadas, existem as que são com fins lucrativos (apesar de a lei proibir), as sem fins lucrativos financiadas pelo Estado, as sem fins lucrativos não financiadas pelo Estado – as confessionais e as não confessionais. No caso das instituições que pertencem ao Estado, essas recebem contribuições por meio das mensalidades que os seus estudantes pagam e também a colaboração do Estado, algo que, muitas vezes, não as distingue das instituições privadas com financiamento estatal. Isso faz com que existam múltiplas classificações de um sistema de difícil compreensão.

Neste texto, desejamos apresentar como as políticas macroeconômicas pressionam as instituições públicas (estatais) em direção ao processo de desregulamentação. Nosso objetivo é contribuir com a discussão acadêmica pública, advertindo sobre como rápido e danoso pode resultar tal processo para a formação de professores quando se dão condições pró-mercado. Para mostrar um exemplo extremo das políticas e das mudanças impulsionadas pelo mercado, focamos no Chile, onde provavelmente as políticas de liberalização econômica foram implementadas de forma mais extrema. Ao aprender com a experiência neste grande "laboratório", queremos enfatizar suas consequências no campo da formação de professores.

## Chile: o laboratório do neoliberalismo

Durante os anos 1950, um grupo de pesquisadores em economia procurava um lugar no mundo para iniciar um projeto em que pudessem preparar profissionais para uma nova visão da economia (VALDÉS, 1995). A ideia era selecionar um grupo de jovens economistas que pudessem substituir o paradigma clássico capitalista que havia se desenvolvido no mundo ocidental. O objetivo era mudar o modelo econômico de todo um país. Esse novo modelo consistia em regulamentações impulsionadas pelo mercado, ao contrário de um capitalismo protetor da burguesia nacional. Essa nova visão da economia implicava uma grande mudança em vários serviços, tanto governamentais quanto mercadológicos.

Originalmente, esse programa foi proposto para o Paraguai, mas, no fim, foi instalado no Chile (VALDÉS, 1989). A primeira etapa do projeto consistia em estabelecer um acordo entre uma universidade chilena e a Universidade de Chicago. A oferta inicial foi feita à Universidade do Chile, instituição que poderia ter maior influência nas transformações governamentais. No entanto, a proposta não prosperou. Não obstante, a Pontifícia Universidade Católica do Chile (PUC) – a maior universidade privada do país – queria fortalecer sua Escola de Economia. Valdés (1989) destaca que esse intercâmbio acadêmico enfocou, desde o princípio, em um ponto de vista econômico específico: a ideia era formar um grupo por meio de uma visão liberal, propagando-se em diferentes âmbitos da vida social.

Os renomados pesquisadores da Universidade de Chicago, Milton Friedman e Arnold Harberger, começaram o processo de pesquisa na PUC, procurando cuidadosamente alunos graduados abertos a uma posição ideológica específica. Foi criado um programa especial para alunos chilenos, dirigido por acadêmicos com profundo conhecimento da perspectiva liberal da economia (MÖNCKEBERG, 2005). Esse grupo de alunos foi denominado de "Chicago Boys" e o real impacto de sua formação na Universidade de Chicago não teve maior influência até o advento da ditadura de Pinochet, em 1973, um regime ditatorial estabelecido de forma violenta com o objetivo de derrocar o governo de Salvador Allende, o primeiro presidente socialista do mundo eleito por meio de votação universal. O golpe de 11 de setembro de 1973 pôs fim ao governo e à vida do presidente Allende.

No início dos anos 1970, publicou-se um documento-chave elaborado pelos "Chicago Boys" (DE CASTRO et al., 1992) que continha as ideias econômicas mais importantes para a transformação da sociedade chilena. Esse documento requeria e propunha medidas para instalar regulamentações impulsionadas pelo mercado em diferentes áreas da sociedade, especialmente nas áreas de Educação, Previdência Social e Saúde. Essas mudanças radicais ocorreram no Chile assim que o governo ditatorial foi instalado, afetando toda a economia do país e as suas instituições.

O governo dos Estados Unidos outorgou permanente apoio a esse processo, uma vez que foram proporcionados fundos especiais da agência governamental para a criação dos "Chicago Boys". Os documentos desclassificados da Agência Central de Inteligência (CIA) agregaram maior informação a respeito da intervenção dos Estados Unidos no Chile. O golpe militar que acabou com o regime de Allende e instalou o General Pinochet como chefe de Estado foi acordado e executado a partir da potência norte-americana (KORNBLUH, 2016). A ditadura civil-militar foi terreno fértil para a instalação de um grande laboratório social e econômico (DÉLANO; TRASLAVIÑA, 1989). Apesar de a ditadura ter começado em 1973, a nova economia só foi imposta alguns anos depois.

O ano 1980 foi o momento em que, por meio de uma aliança entre a direita política a favor da ditadura e esse grupo de economistas, uma série de transformações políticas, econômicas e sociais foi instaurada. Os civis que fizeram parte da ditadura iniciaram uma análise sobre o modelo econômico que devia ser instalado. O objetivo era convencer o poder militar, especialmente Pinochet, a realizar as mudanças que eles consideravam necessárias. Apesar de inicialmente não existir uma compreensão da direita conservadora das ideias econômicas dos "Chicago Boys", conseguiram estabelecer um novo marco legal que requeria mudar a Constituição, um processo que foi concretizado em 1980 (MÖNCKEBERG, 2013). Sobre a base desse novo marco legal, grandes mudanças econômicas ocorreram. Na área da Educação, a nova transformação teve um enorme impacto ao debilitar o sistema público, promovendo projetos empresariais nos diferentes níveis da educação chilena (MÖNCKEBERG, 2005).

A essa mudança gerada nos setores sociais foi incrementada por uma acelerada privatização dos ativos públicos. Um dos mais claros exemplos de alienação foi a privatização das companhias estatais. Foram privatizados os serviços essenciais de água, eletricidade, telecomunicações e correios. Apesar de esse processo ter começado sob a ditadura, não se deteve com o término do regime de Pinochet. Pelo contrário, as iniciativas da privatização continuaram durante os governos da coligação de partidos democráticos, como a Concertación, especialmente durante os anos 1990 (NEF, 2003). A privatização do país foi quase total.

## As transformações na Educação

As transformações neoliberais implementadas durante a ditadura incluíram o sistema educacional. Foi iniciado um processo de municipalização sob a desculpa da descentralização. Isso consistia em transferir a tutela dos estabelecimentos educacionais de educação básica e média do Ministério da Educação para os municípios. A transferência mantinha em mãos públicas a educação escolar, entretanto, acrescentou-se a figura das Corporações Municipais, organismos privados que administravam os estabelecimentos de modo independente. Tal medida poderia ter sido vista como o primeiro passo para a privatização total do sistema de educação.

Durante esse mesmo período, começou a ser implementado o sistema de *voucher* proposto por Milton Friedman, no qual estudantes atuavam como portadores de um financiamento. O sistema foi desenvolvido tanto para os estabelecimentos municipais quanto para os privados.[4]

---

[4] Somente alguns colégios eram totalmente privados, correspondendo a aproximadamente 7%.

Isso significou criar uma figura nova: os colégios particulares subvencionados, escolas em mãos privadas que contam com financiamento estatal. O financiamento começou a ser administrado considerando a assistência diária. Um dos produtos do neoliberalismo que foram provados de maneira massiva em todo o país foi especialmente o das escolas privadas subsidiadas. Os estabelecimentos privados começaram a ser financiados pelo Estado. Nascidas no início dos anos 1980, essas escolas representam a essência do Estado subsidiário, um conceito inscrito na Constituição de 1980 que substituiu o Estado docente, que foi parte da história do Chile desde os anos 1950. Uma política que transformou a educação em um bem mercantil (NEF, 2007; OLIVA, 2008).

No caso da educação superior, um desmembramento das principais universidades estatais procedeu-se nos anos 1980. A partir das sedes regionais da Universidade do Chile e da Universidade Técnica do Estado foram criadas universidades regionais. Foi a década em que começou a ser criada uma série de universidades privadas sem financiamento do Estado. As universidades estatais contavam com um orçamento anual específico, que começou a depender da quantidade de matrículas e do pagamento das mensalidades de seus estudantes. Em menos de uma década a transformação do mapa da Educação Superior no Chile foi profunda, avançando pela via do tipo de financiamento em direção à privatização do sistema de educação superior estatal. As universidades públicas perderam o apoio e foram forçadas a sobreviver em um sistema de autofinanciamento.

Ao focar a educação superior, é importante destacar que, antes dos anos 1980, as universidades privadas eram sem fins lucrativos, instituições que continuam funcionando até os dias atuais como parte do Conselho de Reitores das Universidades Chilenas (CRUCH), o qual inclui universidades estatais e privadas que recebem fundos públicos. Posteriormente, durante os anos 1980, a nova ordem permitiu a criação de universidades privadas com fins lucrativos, aumentando a oferta da educação superior.[5] Os setores socioeconômicos que anteriormente não tinham acesso a esse tipo de educação foram o público-alvo da maioria

---

[5] Apesar de a lei estabelecer que as universidades são sem fins lucrativos, inclusive as privadas, uma série de pesquisas a partir de meados de 2000 apontou os mecanismos por meio dos quais as universidades privadas recebiam os lucros.

dessas instituições. Décadas mais tarde, a oferta na educação superior permitiu a muitas primeiras gerações de alunos obterem um diploma de educação superior, mas em um contexto de desregulamentação que gera uma enorme oferta de profissionais e técnicos em diferentes áreas.

No âmbito educativo, no princípio do século, levantaram-se críticas que assinalavam que os governos da Concertación "não incidiram significativamente sobre o modelo neoliberal de caráter hegemônico, somando a lógica do neoliberalismo em seus projetos conjunturais de modernização" (Soto, 2004, p. 4). Essas críticas seriam ratificadas com maior apoio empírico posteriormente (Bellei, 2015). Há uns anos, utilizando dados da Organização para a Cooperação e Desenvolvimento Económico (OCDE), de 2011, foram expostos relatórios que consideraram o Chile como um dos países com a maior porcentagem de escolas privadas do mundo (Kremerman, 2011). Segundo a média da OCDE, 80% da educação estão nas mãos do setor público, já no caso do Chile essa cifra ainda não supera 40% (OCDE, 2011). Além disso, nos últimos anos, foi realizada uma série de fechamentos de escolas públicas, agravando a situação das comunidades em tais estabelecimentos (Pino-Yancovic, 2015). Tanto a privatização do setor escolar quanto o processo de privatização da Educação Superior são amostras do sucesso do experimento de instalar no Chile um laboratório neoliberal (Mönckeberg, 2005). No caso da educação superior, o processo teve um caráter cruel durante a ditadura (López, 2011), além de se fortalecer nos anos de governo da Concertación, sendo isto parte das críticas do movimento social nos últimos anos (Bellei; Cabalin, 2013; Cabalin, 2012; Sisto, 2015).

## O processo de desregulamentação e a luta das universidades pelo financiamento

Quando já estava por finalizar a ditadura civil-militar na década de 1990, foram criadas novas universidades privadas. No dia 10 de março de 1990 – o último dia da ditadura – foi promulgada a Lei Orgânica Constitucional de Educação (LOCE), que regulamentava todos os níveis da educação. Em relação à educação superior, selou-se o marco institucional da transformação neoliberal. De acordo com Mönckeberg (2013), a criação de muitas universidades privadas durante esse período esteve liderada pelos que foram membros vinculados à ditadura. Nos anos posteriores, se incorporaram aos corpos diretivos dessas universidades privadas membros dos setores propensos à Concertación, coligação governante durante os primeiros vinte anos do governo posterior à ditadura.

Por lei, as universidades chilenas são organizações sem fins lucrativos. No entanto, os grupos econômicos que estão por trás dessas instituições privadas possuem diversas maneiras de gerar rendimentos. Uma das fórmulas, as empresas *espejo*, consiste em ter uma empresa que é propriedade das mesmas pessoas envolvidas nas corporações sem fins lucrativos (universidades). Essas entidades fornecem serviços como limpeza e segurança ou são do setor imobiliário que alugam prédios para a universidade. A esse sistema de financiamento soma-se à isenção de impostos submetida a esse tipo de instituição, que consegue manter seus negócios graças a um sistema de educação superior desregulamentado. No início, foi permitida a criação de universidades contando com recursos mínimos e cursos que não tinham nenhuma projeção laboral devido à grande quantidade de oferta. Além do mais, algumas universidades foram instaladas em edifícios velhos alugados para esses propósitos. As bibliotecas foram estabelecidas por meio do uso de fotocópias, descumprindo as normas de propriedade intelectual, ou seja, total desregulamentação (MÖNCKEBERG, 2005).

As universidades públicas também tiveram de se adaptar à lógica do autofinanciamento. Portanto, organizaram-se para sobreviver a esse contexto desregulamentado. Uma lei criada durante a ditadura estabeleceu a limitada ajuda estatal para as universidades do CRUCH, criadas antes de 1980, instituições tanto privadas quanto públicas sem fins lucrativos. Várias delas eram universidades regionais derivadas das duas maiores universidades – Universidade do Chile e PUC – que ainda recebem ajuda estatal. Entre essas universidades, as instituições mais novas recebem menos financiamento estatal do que as mais antigas. Entre as universidades regionais que recebiam menor porcentagem de financiamento estavam a Universidade de Los Lagos (ULA), cujo *campus* central localizava-se em Osorno, no sul do Chile, e a Universidade Arturo Prat (UNAP), cujo *campus* central localizava-se na cidade de Iquique, no norte do Chile. Inicialmente, tais universidades foram sedes da Universidade do Chile, mas, nos anos 1980, passaram a ser institutos profissionais para se transformarem finalmente em universidades regionais, sendo as últimas universidades estatais criadas durante a ditadura. A todas as universidades garantia-se um mínimo de financiamento de base, e, no caso dessas, esse valor não alcançava a cobrir nem 15% do total de gastos delas.

A necessidade de autofinanciamento e a desregulamentação instalada no sistema de educação superior do Chile geraram a necessidade de criar novas carreiras universitárias que trouxessem recursos às universidades. Consequentemente, várias universidades criaram projetos de educação a distância para a formação de professores. As universidades que geraram uma maior quantidade de matrículas foram as universidades estatais ULA e UNAP, ou seja, as últimas que foram criadas pela ditadura que contavam com o menor financiamento do Estado. Ambas universidades começaram a oferecer certificações alternativas para o magistério. Essa nova "oferta acadêmica" foi a resposta ao sistema de autofinanciamento regido tanto para as instituições públicas quanto para as privadas. Destacamos esses dois casos já que ambas são universidades públicas que possuem um papel relevante nos processos de desregulamentação da formação de professores.

## A fábrica de professores

No seu livro *La privatización de las Universidades: una historia de dinero, poder e influencia* [A privatização das universidades: uma história de dinheiro, poder e influência], Mönckeberg (2005) criou o termo "fábrica de professores" para se referir ao processo de formação de uma enorme quantidade de professores em poucos anos. De fato, durante a década de 2000, as universidades que ofereciam programas de formação de professores tiveram um destacável crescimento. Em meados dos anos 1990, uma reforma aumentou as horas da jornada escolar das crianças e dos jovens chilenos, o que produziu uma maior demanda de docentes. Além do mais, devido a um grande número de professores em exercício sem diploma universitário, foram criados, naquele período, muitos programas alternativos de formação para regularizar os diplomas de licenciatura. Até então, vários professores de escola contavam com uma licença ministerial para exercer a função, mas não possuíam uma certificação oficial em licenciatura. A maioria dos que pertenciam a esse grupo de docentes sem certificação trabalhava em tempo integral em escolas rurais ou de baixos recursos.

O atual sistema universitário, baseado nas leis dominantes que impõem o neoliberalismo econômico, promoveu uma reação das universidades tradicionais de acordo com as lógicas de mercado. Instituições educativas que durante muito tempo haviam se destacado pela sua visão altruísta começam a se transformar para poder subsistir. O caminho das instituições estatais tem sido o desenvolvimento de uma série de iniciativas que possibilitem o acesso a fontes alternativas de financiamento. Dentro dessas ações foram implementados programas especiais de graduação, programas de capacitação, assessorias a empresas e programas de educação continuada, além de algumas casas de estudo chegarem a alugar suas dependências. As instituições de educação superior que oferecem licenciatura reconheceram que os programas especiais para a obtenção de diploma fizeram parte das medidas para o sistema de autofinanciamento (GANGA-CONTRERAS; GARNICA, 2006). Esses programas eram de fácil implementação, e a necessidade de recursos humanos nas escolas exerceu pressão para a formação massiva de professores. Os programas alternativos de formação realizavam-se durante as férias de inverno e de verão para os professores em exercício sem certificação que requeriam um diploma universitário. Todos os que se formaram nesses programas se prepararam em uma época em que não existia um sistema de acreditação de carreiras, e, portanto, a qualidade dessa preparação chegou a ser duvidosa, considerando-se a diferença de carga horária e de modalidade de formação (RUFFINELLI, 2007; RUFFINELLI; SEPÚLVEDA, 2005).

A informação sobre os programas mencionados nunca foi muito clara para o público. Por exemplo, não existe informação precisa em relação ao número de alunos e ao valor do financiamento que as universidades receberam por essa via. No entanto, há clareza sobre o funcionamento de tais programas, por exemplo, no que diz respeito à sua pobre infraestrutura. Geralmente, havia só um escritório em um povoado pequeno ou uma sala de aula de alguma escola municipal, que as universidades alugavam para a formação de professores durante algumas noites ou nos fins de semana.

O sistema de custos desses programas também se baseava na contratação casual. A incorporação de docentes era exclusivamente em função de determinados cursos de graduação. Esse foi um modelo replicado das universidades privadas do Chile que trabalhavam sob a lógica de contratação temporária, os "professores-táxi" (REYES LEÓN; SANTOS, 2011; SIMBÜRGER; NEARY, 2016).

Hoje é muito difícil encontrar informação precisa sobre os números de *campus* que essas instituições instalaram. Entretanto, existe alguma informação da imprensa sobre 42 cidades que contavam com escritórios dessas universidades.[6] A suspeita sobre a má qualidade desses programas teve um grande impacto na criação do processo de acreditação universitária obrigatória para os cursos de licenciatura. Relatórios de acreditação[7] estabeleciam explicitamente que somente alguns *campus* tinham o potencial para manter seus programas de formação de professores. Portanto, o resto não cumpria com os requisitos mínimos de qualidade, o que levantava dúvidas razoáveis sobre a qualidade da educação dos que se formaram nesses locais. Os programas não acreditados entraram em um processo de mudança de edifícios universitários a institutos profissionais de nível não universitário, o que permitiu superar os problemas econômicos. Dessa maneira, as universidades responsáveis puderam continuar com seu desenvolvimento institucional.

Os programas especiais aproveitaram as necessidades do mercado, como a demanda de novos professores, e a necessidade de que os professores sem licença (não certificados) evitassem a realização das provas de controle de qualidade e obtivessem seus diplomas profissionais. Como já foi descrito, diversas universidades chilenas promoveram a criação de programas de licenciatura a distância, algumas das quais davam aulas somente aos sábados. As universidades que estavam envolvidas nessa modalidade foram tanto de domínio estatal quanto privado. Em mais de uma dezena de instituições existem antecedentes que contam com esse tipo de programa. No entanto, aqui nos centralizaremos nas que tiveram maior cobertura nesse âmbito.

---

[6] Disponível em: <http://www.mercuriocalama.cl/prontus3_mundo_estudiantil/site/artic/20040818/pags/20040818191023.html>. Acesso em: 5 nov. 2018.

[7] Relatório de Acreditação 2006.

## As universidades estatais

Dado que as instituições de educação superior se concentram na capital do Chile, uma grande quantidade de estudantes de outras regiões deve mudar-se para Santiago para ir à universidade e obter um diploma profissional. No caso da formação de professores, as sedes regionais universitárias ajudaram a descentralizar a oferta educativa, oferecendo oportunidades a trabalhadores nos lugares mais remotos do país. Sem esse tipo de programa, muitas pessoas não teriam tido a possibilidade de possuir um diploma universitário. As instituições que se constituíram como vanguarda na geração de programas de formação foram duas pequenas universidades estatais que recebiam a menor porcentagem do orçamento destinado à educação superior: a Universidade de Los Lagos (ULA) e a Universidade Arturo Prat (UNAP).

A Universidade de Los Lagos (ULA) surge a partir da fusão da sede da Universidade do Chile em Osorno e a sede Universidade Técnica do Estado localizada em Puerto Montt, também no sul do Chile. Seu *campus* principal está localizado em Osorno, a 830 quilômetros de Santiago. Do mesmo modo que outras universidades estatais, a ULA também foi afetada pelos problemas derivados do autofinanciamento. No caso da Universidade Arturo Prat (UNAP), trata-se de uma universidade estatal regional localizada em Iquique, a 2.000 quilômetros ao norte de Santiago. Suas origens se encontram em uma sede regional da Universidade do Chile uma vez que esta foi desmantelada no princípio dos anos 1980.

Após um processo de crise interna nos anos 1990, a UNAP conseguiu se expandir com uma sede na cidade de Victoria, no Sul de Santiago, a 2.600 quilômetros do *campus* principal em Iquique. Produto de algumas políticas de autofinanciamento, esse campus teve dificuldades econômicas que se mantiveram por longo tempo. Como uma maneira de superá-las, a UNAP estimulou um curso de licenciatura para certificar os docentes em exercício que não possuíam diploma profissional. Tal programa ocorreu em uma das áreas mais empobrecidas da região.

Os projetos da UNAP e da ULA foram exemplos emblemáticos do processo de desregulamentação, em especial pelo volume de matrícula que administravam. Infelizmente, é difícil estimar com precisão a quantidade de estudantes que participaram desses cursos de licenciatura (RUFFINELLI, 2007; RUFFINELLI; SEPÚLVEDA, 2005). Ainda assim, alguns dados disponíveis indicam que, na ULA, a matrícula aumentou 383% entre 2004 e 2005. Para a UNAP, os dados representam um incremento de 263% no mesmo período. Nos artigos que indicam o extraordinário aumento da matrícula nesses programas, ao mesmo tempo expressa a dificuldade de ter acesso a dados exatos sobre essa explosão de estudantes de licenciatura (RUFFINELLI, 2007; RUFFINELLI; SEPÚLVEDA, 2005).

Assim, os programas alternativos puderam oferecer solução a dois problemas simultaneamente. Por um lado, resolveram o problema do financiamento. Todos os alunos novos deviam pagar suas mensalidades em dinheiro ou com empréstimo universitário, além de ir às aulas durante os períodos de férias (a princípio) ou aos sábados (mais tarde). Por outro lado, os programas ajudaram a suprir a necessidade de professores no sistema educacional e a necessidade de faculdades de educação no país. Apesar dessa maneira de resolver o problema de escassez docente ter sido criticada em alguns relatórios oficiais, como o *Comisión*, de 2005, a possibilidade de autofinanciamento que gerou essas vias alternativas permitiu que o Estado se desentendesse durante um bom tempo com duas das universidades com menores recursos. Uma possível interpretação a essa atitude passiva dos que lideravam o Ministério da Educação do Chile na época poderia ser a possibilidade de controlar possíveis focos de protestos gerados em tais instituições. Desse modo, se mantém um controle por meio da permissividade e, ao mesmo tempo, avança-se na privatização de universidades estatais.

Os processos de privatização encobertos e desregulamentados das faculdades de educação foram parte do aumento da matrícula na área. Em um estudo de atualização sobre programas não tradicionais de licenciatura, Ruffinelli (2007) percebeu que ao menos 20 instituições de educação superior os ofereciam e que pelo menos a metade pertencia a universidades financiadas pelo estado. O aumento desses programas foi estimado entre 225 (em 1999) e 698 (até 2008). Como consequência, a taxa de estudantes graduados aumentou consideravelmente (BELLEI; VALENZUELA, 2010).

As universidades estatais envolvidas nesses programas de licenciatura agravaram uma situação que já era problemática. A maior crítica a esse fenômeno radica na falta de rigor na criação desses programas, na falta de infraestrutura, nas bibliotecas com material de baixa qualidade (um ponto-chave para as sedes recentemente criadas). Isso se contradiz com a crença tradicional de que a universidade motiva a pesquisa, o ensino e a extensão. Ao contrário, o foco dessas instituições somente se manteve para treinar professores da maneira mais rápida e rentável possível.

Outra crítica se referia ao papel dos professores contratados para liderar esses programas alternativos: a maioria era professores de estabelecimentos escolares que, apesar de terem um bom desempenho nesses espaços, não garantiam uma docência de qualidade para o nível universitário. Certamente, esses professores experientes demonstravam seu conhecimento ao unir teoria e prática, o que foi valorizado como uma grande oportunidade de seu crescimento profissional. De fato, aqueles docentes que trabalharam quatro sábados em um mês, duplicaram o próprio salário, um grande benefício para eles. Infelizmente, essa experiência na sala de aula escolar não era garantia de que os professores pudessem replicar suas boas práticas docentes em uma sala de aula universitária. Os mais afetados pela falta de controle de qualidade foram, sem dúvida, os estudantes de licenciatura ou futuros docentes.

## Discussão

Nos processos de formação docente se expõe, muitas vezes, a dicotomia regulamentação/desregulamentação paralela ao que é público/privado. Observando a história recente do Chile, podemos ver que tais distinções possuem maior complexidade. Os processos de desregulamentação ou regulamentação estão dados pelo sistema de financiamento, o principal sistema que rege as instituições de formação de docentes.

Como já foi documentado em uma grande quantidade de artigos e livros, o Chile foi utilizado como um laboratório de políticas neoliberais por um longo período. E, como um bom laboratório, tem servido de exemplo para construir políticas em outros países.

O modelo neoliberal implementou sistematicamente políticas de desregulamentação ou, em outras palavras, uma regulamentação por meio do mercado (oferta e demanda). Esse contexto facilitou o "negócio da educação" nas universidades. Diversos mecanismos permitiram aumentar o lucro dos que eram proprietários das universidades privadas, empresários ligados à ditadura civil-militar e, posteriormente, os políticos ligados à *Concertación de Partidos por la Democracia*.

O contexto de desregulamentação não somente atingiu as universidades privadas. Além disso, as universidades estatais e privadas tradicionais criaram sedes regionais. Algumas apresentaram um crescimento explosivo no volume de matrículas, entregando diplomas universitários a baixo custo. A forma de implementar essas carreiras requeria um investimento baixo. Os principais programas ofertados sob essa modalidade foram as carreiras na Educação.

Nos processos de implementação dos cursos de licenciatura se pensava que o requerimento de infraestrutura era mínimo (muitas vezes alugada somente por um dia na semana). Os custos do pessoal docente foram reduzidos por meio de uma contratação parcial que permitia agilizar os processos de vinculação e desvinculação. Milhares de professores e professoras se graduaram sob tal modelo.

A preocupação fundamental deste capítulo tem sido como o modelo econômico alcança não somente as universidades privadas, mas também as instituições que são parte do Estado. Nesse caso, foram justamente naquelas que recebiam os menores aportes de base do financiamento governamental em que ocorreram maior expansão.

Há uma história que até o momento falta ser revelada. No entanto, podemos levantar algumas hipóteses. Durante muito tempo – entre 1991 e 2005, pelo menos – não existiram críticas aos modelos de formação docente. Talvez porque serviam para suprir o financiamento que não era entregue por meio da via regular. Por essa razão é que podemos considerar como uma lição a experiência da desregulamentação chilena, uma vez que ela se reafirma nas instituições do próprio Estado. Assim, quando todo o país funciona sob a lógica de livre mercado ou neoliberalismo extremo, a visão da educação como um negócio não se dá exclusivamente no mundo privado.

A educação desregulamentada ganha espaço a partir do momento em que o Estado a incentivou. Apesar de os programas alternativos de formação pedagógica descentralizarem a oferta, há dúvidas sobre sua qualidade. Foram privilegiados os baixos custos sem um foco nos processos formativos pedagógicos necessários. Esse grande marco foi imposto pela Lei Orgânica Constitucional de Educação (LOCE), que deixou a ditadura e foi aplicada nos anos 1990 pelos governos democráticos, que não se opuseram às políticas neoliberais, mantendo uma atitude permissiva pró-mercado.

Neste capítulo, defendemos uma política de longo prazo para a formação de professores, na qual a qualidade – e não o mercado – da formação pedagógica seja a prioridade. A construção de uma formação docente forte é pré-requisito para uma escola pública forte.

## Referências

BELLEI, C. *El gran experimento*. Santiago: LOM ediciones, 2015. Disponível em: <http://repositorio.uchile.cl/handle/2250/136672>. Acesso em: 5 nov. 2018.

BELLEI, C.; CABALIN, C. Chilean Student Movements: Sustained Struggle to Transform a Market-Oriented Educational System. *Current Issues in Comparative Education*, Nova York, v. 15, n. 2, p. 108–123, set. 2013. Disponível em: <http://eric.ed.gov/?id=EJ1016193>. Acesso em: 5 nov. 2018.

BELLEI, C.; VALENZUELA, J. P. ¿Están las condiciones para que la docencia sea una profesión de alto estatus en Chile? ¿Fin de Ciclo? **Cambios En La Gobernanza Del Sistema Educativo**, Santiago: UNESCO; Pontifícia Universidade Católica do Chile, 2010. p. 257-283. Disponível em: <https://www.researchgate.net/profile/Cristian_Bellei/publication/273143530_Estn_las_condiciones_para_que_la_docencia_sea_una_profesin_de_alto_estatus_en_Chile/links/54fa161c0cf23e66f0311598.pdf>. Acesso em: 5 nov. 2018.

CABALIN, C. Neoliberal Education and Student Movements in Chile: Inequalities and Malaise. *Policy Futures in Education*, Thousand Oaks, Califórnia, v. 10, n. 2, p. 219-228. 2012. Disponível em: <https://doi.org/10.2304/pfie.2012.10.2.219>. Acesso em: 5 nov. 2018.

CHILE. Ministerio de Educación. *Informe comisión sobre formación inicial docente*. Santiago: Mineduc, 2005. Disponível em: <http://www.oei.es/pdfs/info_formacion_inicial_docente_chile.pdf>. Acesso em: 5 nov. 2018.

DARLING-HAMMOND, L.; LIEBERMAN, A. (Eds.). *Teacher Education around the World: Changing Policies and Practices*. Abingdon: Routledge, 1999.

DE CASTRO, S., et al. *El ladrillo: bases de la política económica del gobierno militar chileno*. Santiago: Centro de Estudos Públicos, 1992. Disponível em: <http://bibliotecadigital.academia.cl/handle/123456789/576>. Acesso em: 5 nov. 2018.

DÉLANO, M.; TRASLAVIÑA, H. *La herencia de los Chicago Boys*. Santiago: Ornitorrinco, 1989.

DINIZ-PEREIRA, J. E. D. As licenciaturas e as novas políticas educacionais para a formação docente. *Educação & Sociedade*, Campinas, v. 20, n. 68, p. 109-125. dez. 1999. Disponível em: <https://doi.org/10.1590/S0101-73301999000300006>. Acesso em: 5 nov. 2018.

GANGA-CONTRERAS, F. A.; GARNICA, J. V. Reflexiones en torno al nuevo escenario de la gestión universitaria. *Cuadernos de La Facultad de Humanidades y Ciencias Sociales*. San Salvador de Jujuy, n. 30, p. 41-61. jul. 2006. Disponível em: <http://www.scielo.org.ar/scielo.php?script=sci_arttext&pid=S1668-81042006000100002>. Acesso em: 5 nov. 2018.

KORNBLUH, P. The Declassified Pinochet File: Delivering the Verdict of History. *Radical History Review*, Durham, Carolina do Norte, n. 124, p. 203-216. jan. 2016. Disponível em: <https://doi.org/10.1215/01636545-3160071>. Acesso em: 5 nov. 2018.

KREMERMAN, M. El desalojo de la educación pública. *Serie "Ideas Para El Buen Vivir"*, Santiago, n. 1. nov. 2011. Disponível em: <http://www.fundacionsol.cl/wp-content/uploads/2011/12/Ideas-1-Institucionalidad-y-Desarrollo.pdf>. Acesso em: 5 nov. 2018.

LÓPEZ, A. De la dictadura militar a la democracia pactada de la Concertación y la derecha: El modelo de la Universidad-Empresa en Chile (1973-2008). *Lucha de Clases*, n. 1. 2011. Disponível em: <http://www.mov-estudiantil.com.ar/terceras/200820.pdf>. Acesso em: 5 nov. 2018.

MÖNCKEBERG, M. O. *Con fines de lucro*. Santiago: Debate, 2013.

MÖNCKEBERG, M. O. *Privatización de las Universidades*. Las Condes, Chile: Copa Rota, 2005.

NEF, J. El concepto de Estado subsidiario y la educación como bien de mercado: Un bosquejo de análisis político. *Enfoques Educacionales*, Ñuñoa, Chile, v. 2, n. 2. 1999. Disponível em: <https://enfoqueseducacionales.uchile.cl/index.php/REE/article/view/47047/49047>. Acesso em: 5 nov. 2018.

NEF, J. The Chilean Model: Fact and Fiction. *Latin American Perspectives*, Thousand Oaks, Califórnia, v. 30, n. 5, p. 16-40. set. 2003. Disponível em: <http://journals.sagepub.com/doi/pdf/10.1177/0094582X03256253>. Acesso em: 5 nov. 2018.

OLIVA, M. A. Política educativa y profundización de la desigualdad en Chile. *Estudios*, Valdívia, v. 34, n. 2, 2008. Disponível em: <http://www.scielo.cl/scielo.php?pid=s0718-07052008000200013&script=sci_arttext>. Acesso em: 5 nov. 2018.

ORGANIZAÇÃO PARA A COOPERAÇÃO E DESENVOLVIMENTO ECONÓMICO (OCDE). *Establecimiento de un marco para la evaluación e incentivos docentes: Consideraciones para México*. Paris, 2011, 134 p. Disponível em: <https://doi.org/10.1787/9789264059986-es>. Acesso em: 5 nov. 2018.

PINO-YANCOVIC, M. Parents' Defense of their Children's Right to Education: Resistance Experiences Against Public School Closings in Chile. *Education, Citizenship and Social Justice*, Thousand Oaks, Califórnia, v. 10, n. 3, p. 254-265. out. 2015. Disponível em: <http://journals.sagepub.com/doi/abs/10.1177/1746197915607279>. Acesso em: 5 nov. 2018.

REYES LEÓN, D.; SANTOS, M. Los profesores taxis. El hedor de lo heredado: La desprofesionalización académica y su parque humano. *Le Monde diplomatique*, 2011. Disponível em: <https://www.lemondediplomatique.cl/LOS-PROFESORES-TAXIS-El-hedor-de.html>. Acesso em: 5 nov. 2018.

RUFFINELLI, A. *Actualización de la sistematización de la oferta de Programas. Especiales de Pedagogía En Educación Básica de Las Instituciones de Educación Superior Chilenas*. Santiago: CIDE, Universidad Alberto Hurtado, 2007. Disponível em: < http://repositorio.uahurtado.cl/bitstream/handle/11242/8832/mfn568.pdf?sequence=1&isAllowed=y>. Acesso em: 5 nov. 2018.

RUFFINELLI, A.; SEPÚLVEDA, L. *Sistematización de la oferta de programas especiales de pedagogía en educación básica de las instituciones de educación superior chilenas*. Santiago: CIDE, Universidad Alberto Hurtado, 2005. Disponível em: <http://repositorio.uahurtado.cl/bitstream/handle/11242/9626/txt1359.pdf?sequence=1&isAllowed=y>. Acesso em: 5 nov. 2018.

SIMBÜRGER, E., & NEARY, M. Taxi Professors: Academic Labour in Chile, a Critical-Practical Response to the Politics of Worker Identity. *Workplace: A Journal for Academic Labor*, n. 28, p. 48-73. 2016. Disponível em: <http://ices.library.ubc.ca/index.php/workplace/article/view/186212>. Acesso em: 5 nov. 2018.

SISTO, V. Entre la Privatización y La Reconstrucción de lo Público en Chile: Movimientos Estudiantiles y el Debate acerca del Devenir de la Universidad. *Horizontes Sociológicos*, n. 1, p. 57-63. 2015. Disponível em: <http://aass.org.elserver.com/ojs/index.php/hs/article/view/58>. Acesso em: 5 nov. 2018.

SOTO, M. Políticas Educacionales en Chile durante el Siglo XX. *Revista Mad*, n. 10, p. 30-42. jan. 2004. Disponível em: <https://doi.org/10.5354/0718-0527.2004.14784>. Acesso em: 5 nov. 2018.

VALDÉS, J. G. *La escuela de Chicago: operación Chile*. Barcelona: Grupo Editorial Zeta, 1989.

VALDÉS, J. G. *Pinochet's Economists: The Chicago School of Economics in Chile*. New York: Cambridge University Press, 1995.

ZEICHNER, K. M. The Adequacies and Inadequacies of Three Current Strategies to Recruit, Prepare, and Retain the Best Teachers for All Students. *Teachers College Record*, Nova York, v. 105, n. 3, p. 490-519. 2003. Disponível em: <https://doi.org/10.1111/1467-9620.00248>. Acesso em: 5 nov. 2018.

ZEICHNER, K.; PEÑA-SANDOVAL, C. Venture philanthropy and teacher education policy in the US: The role of the New Schools Venture Fund. *Teachers College Record*, Nova York, v. 117, n. 6, p. 1-24. 2015. Disponível em: https://www.tcrecord.org/content.asp?contentid=17539. Acesso em: 5 nov. 2018.

CAPÍTULO 3

# Quando o dinheiro fala mais alto: privatização, formação de professores e imaginários sociais conflitantes nas escolas dos Estados Unidos

*Lauren Gatti*[1]
*Theresa Catalano*[2]

*Tradução: Cristina Antunes*

## Introdução

O resultado da eleição presidencial de 2016 foi um dos mais imprevisíveis da história dos Estados Unidos. Naquela eleição, a ex-Secretária de Estado norte-americana e senadora Hillary Clinton foi derrotada por Donald Trump, astro de *reality shows*, empresário e bilionário do setor imobiliário. Ele não tinha experiência em política ou governo. No entanto, havia outras coisas que ele possuía e que repercutiram no eleitorado: a falta de filtro (e sutileza) quando se tratava de discutir questões de política, a experiência de fazer (com graus variados de sucesso) acordos de negócios importantes e de alto risco, e um desdém aberto pela instituição política e pela corrupção que essa instituição significava.

Uma grande parte do apelo de Trump nos Estados Unidos surgiu da promessa de agitar a política estadunidense. Políticos de carreira e funcionários do governo – a história circulou – não podiam ser confiáveis para deixar de lado suas próprias agendas e seu autointeresse

---

[1] Universidade de Nebraska, Lincoln.
[2] Universidade de Nebraska, Lincoln.

a fim de fazer um trabalho que seria, nas palavras de Trump, "Make America Great Again" ["Torne a América grande de novo"]. Trabalhadores do setor privado, empresários, executivos corporativos (CEOs) e pessoas bem-sucedidas da área de negócios (ou seja, ricas) eram quem poderiam tornar a mudança real. Os conhecimentos institucionais, políticos e de política eram inconvenientes nessa nova administração. Pensamento criativo, escolha, privatização e tomada de risco eram agora as moedas do reino. Isso se manifestou de muitas maneiras, inclusive na seleção de homens de negócios sem experiência governamental para os principais cargos de gabinete. Um ex-CEO da ExxonMobil, por exemplo, foi indicado e confirmado para a Secretaria de Estado. Sua promessa de que não agiria em interesse próprio, especialmente quando se tratava de comércio e petróleo, foi suficiente para garantir à maioria das pessoas que lhe confiaram o cargo que ele tomaria decisões éticas. Porventura mais descaradamente, Trump não só nomeou como administrador da Agência de Proteção Ambiental (EPA) uma pessoa que tinha trabalhado ativamente contra a EPA antes de sua nomeação, como também designou para a Secretaria de Energia, alguém cuja campanha política anterior focava na *eliminação* desse mesmo departamento.

A crença de Trump de que os indivíduos de fora de Washington e as pessoas bem-sucedidas nos negócios eram quem melhor efetivariam sua visão de uma administração eficiente e de "vencedores", embora, talvez, isso tenha sido mais claramente articulado em sua escolha por Betsy DeVos para a Secretaria da Educação. DeVos, uma bilionária cristã conservadora que fez financiamento e *lobby* para a política de *vouchers* (ou escolha de escolas, muitas vezes religiosas) tinha, como o próprio Trump, zero experiência na área pela qual ela seria responsável. No seu caso, essa área era a educação pública nos Estados Unidos. A audiência de confirmação de DeVos, em fevereiro de 2017, foi amargamente contenciosa, sendo necessário um voto de desempate do vice-presidente dos Estados Unidos para garantir sua confirmação no Senado.

A escolha de Trump por Betsy DeVos para a Secretária de Educação, embora ultrajante e problemática para aqueles que lutam por uma educação pública gratuita para todas as crianças, reflete os esforços de longa data para privatizar a educação dos Estados Unidos. O que é surpreendente, no entanto, é a maneira pela qual a agenda de privatização – principalmente expressa por meio de argumentos para a política de *vouchers* (escolha da escola) que permitiria aos pais usarem o dinheiro alocado para a educação pública para pagar por escolas privadas (muitas vezes religiosas) – tornou-se uma posição oficial do Departamento de Educação estadunidense. Em nenhum lugar isso é mais claro do que no orçamento de Trump para 2018, intitulado "Uma nova fundação para a grandeza americana" (ESTADOS UNIDOS, 2017). Esse plano orçamentário exige uma redução de US$ 9,2 bilhões no financiamento da educação, um corte que equivale a 13,5% de todo o orçamento da educação (KAMENETZ, 2017). Em sua breve justificativa para os profundos cortes na educação, Trump escreve: "Precisamos devolver as decisões sobre educação para os níveis estaduais e locais, enquanto promovemos oportunidades para pais e alunos escolherem, entre todas as opções disponíveis, a escola que melhor se adapta a suas necessidades para aprender e ter sucesso" (ESTADOS UNIDOS, 2017, p. 2). Enquanto o Departamento de Educação do governo Obama certamente tenha promovido uma visão neoliberal para a educação pública – seja a iniciativa Race to the Top (RTTT) [Corrida para o topo] (ESTADOS UNIDOS, 2016), sejam políticas de fechamento ou de "reviravolta" nas escolas que fracassavam –, a adoção e a escolha pela administração Trump das políticas de livre concorrência de mercado é uma impressionante repreensão das escolas públicas. A jornalista do *The Atlantic Monthly*, Aria Bendix (2017), explica:

> No geral, a diminuição do financiamento abrirá espaço para uma das principais prioridades educacionais de Trump: a política de *vouchers* (escolha da escola). Sob o novo orçamento, a administração Trump quer gastar US$ 1,4 bilhão para expandir os títulos nas escolas públicas e privadas, levando a eventuais US$ 20 bilhões por ano em financiamento. Cerca de US$ 250 milhões desses fundos irão para um programa privado de *vouchers* (escolha de escolas), enquanto US$ 168 milhões serão destinados a escolas arrendadas. Um adicional de US$ 1 bilhão iria para o Título I, um programa para estudantes desfavorecidos cuja estrutura atual é contestada por muitos legisladores. A administração Trump quer permitir que fundos federais, estaduais e locais acompanhem os alunos para as escolas públicas de sua escolha.

Os valores expressos nessa proposta de orçamento são claros: a política de educação deve permitir que pais e filhos tornem-se consumidores no mercado da educação.

## A educação é um negócio: privatização e formação de professores nos Estados Unidos

Nos Estados Unidos, a "educação pública tem sido radicalmente transformada durante as últimas poucas décadas com base em um modelo corporativo de competição de mercado, com avaliações quantitativas de alunos, professores, escolas e distritos escolares baseados nas pontuações dos alunos em testes padronizados" (HURSH, 2016, p. 2). Essas reformas educacionais não apenas tentaram transformar escolas públicas em escolas publicamente financiadas mas administradas particularmente, como também "transformaram todo o propósito da educação, do ensino e da aprendizagem" (HURSH, 2016, p. 2). Esse propósito transformado não se harmoniza com opiniões sociais democráticas que veem o objetivo da educação como "promover habilidades de análise, trocas reflexivas e uma vontade de ver o conhecimento como um recurso para formas inteligentes de organismos pessoais e sociais" (GIROUX, 2012, p. 1). Visões conflitantes para o propósito da educação pública inevitavelmente afetam os programas de formação de professores, uma vez que grande parte da formação de futuros professores ocorre em e para as escolas públicas. Isso significa que a já difícil navegação por diferentes espaços profissionais – a universidade e a escola K-12[3] – torna-se ainda mais preocupante à medida que os professores novatos pelejam com imaginários sociais diferentes que foram formados: escolaridade para a competição e realização individual ou educação como preparação para a vida democrática.

A formação de professores para o trabalho docente tem sido historicamente repleta de conflitos. A delicada "divisão universidade-escola" tem colocado um problema eternamente incômodo na formação de professores, cuja relação entre as universidades e as escolas em

---

[3] Escolas K-12 são uma forma simplificada para designar a educação primária e a educação secundária nos Estados Unidos. As séries começam no jardim da infância (K) e vão do 1º ao 12º ano (1-12). (N.T.)

que as universidades colocam seus futuros professores tem sido marcada por uma abordagem hierárquica de cima para baixo (ZEICHNER, 2010; ANAGNOSTOPOULOS; SMITH; BASMADJIAN, 2007). Os futuros professores são frequentemente distribuídos nas salas de aula de forma aleatória. A supervisão universitária é inconsistente. Os professores colaboradores desconhecem o tipo de trabalho que acontece nos cursos de metodologia do ensino dos estagiários. E o conhecimento que os professores aplicam diariamente é relegado para o mundo da prática, uma espécie mais diminutiva e subordinada de conhecimento do que a teoria valorizada na universidade (ZEICHNER, 2010). Essa divisão torna-se discursivamente reificada por meio das linguagens sociais que as pessoas de cada ambiente (universidade ou escola) empregam. Sem oportunidade para a colaboração genuína, marcada pela igualdade de voz e respeito, não há oportunidade para a linguagem ou o vocabulário compartilhado. As pessoas literalmente não estão falando a mesma língua. Os professores novatos, então, muitas vezes são pegos no fogo cruzado ideológico, discursivo e prático entre o conhecimento da universidade (ou "acadêmico") e o conhecimento escolar (ou "prática") (por exemplo, BRITZMAN, 2003; BICKMORE; SMAGORINSKY; O'DONNELL-ALLEN, 2005). Muitos estudiosos de formação de professores têm trabalhado para resolver essa divisão (por exemplo, ZEICHNER, 2010; SMAGORINSKY *et al.*, 2004), concentrando-se variavelmente no desenvolvimento de parcerias universidade-escola mais recíprocas (escolas de desenvolvimento profissional, por exemplo), propositadamente ligando conteúdo e propósito das metodologias com as redes de ensino onde as universidades colocam os futuros professores e imaginando "terceiros espaços" mais democráticos (ZEICHNER; PAYNE; BRAYKO, 2011), em que os professores universitários e de K-12 possam criar relacionamentos significativos em torno do trabalho compartilhado de formação docente.

    A paisagem da formação de professores, no entanto, mudou de maneira radical nos últimos quinze anos, tornando a divisão universidade-escola uma antiga tensão prestes a se revelar dentro dessa formação. Existem duas mudanças em particular que são mais notáveis. A primeira é a que Gastic (2014) se refere como o impulso para a "formação de professores 2.0", em que, para todos os efeitos e propósitos, a universidade é reinventada como um conjunto de profissionais dedicados aos "ganhos notáveis" no desempenho de estudantes K-12 (ver GATTI, 2016). A segunda mudança é a prática cada vez mais comum de universidades e/ou distritos escolares terem parceria com filantropias privadas e/ou de risco. Essas parcerias não são neutras; de certa forma, cada parceiro traz consigo um imaginário social particular. Um imaginário social é "um modo de pensar compartilhado em uma sociedade por pessoas comuns" (RIZVI; LINGARD, 2010, p. 34, apud HURSH, 2016, p. 27). A utilidade do imaginário social, de acordo com Hursh (2016, p. 27), é "sugerir que as sociedades como um todo adotem uma maneira especial de olhar o mundo, modos que limitem sua visão em termos do que é possível".

Neste capítulo, exploramos a navegação por esses diferentes imaginários sociais – a escolarização para a realização individual ou a escolarização para a ação social e a troca consciente de ideias – por meio de uma parceria singular na formação de professores: um programa universitário tradicional e uma filantropia de risco[4] não lucrativa. Por meio da Análise Crítica da Metáfora (CMA) (CHARTERIS-BLACK, 2014), analisamos como dois professores novatos inscritos nesse programa lutaram contra os imaginários de oposição social revigorando a abordagem de cada parceiro e o propósito de ensino. Argumentamos que o surgimento desses tipos de parcerias na formação de professores – seja em uma universidade, um distrito escolar ou no Teach for America (TF) [Ensinar para a América], como no nosso caso, uma universidade, um distrito escolar e um grupo de

---

[4] Compreender a filantropia de risco pressupõe o entendimento da sua relação com o capital de risco. Os capitalistas de risco têm por atividade identificar empresas promissoras recém-criadas e investir nelas. No planejamento do negócio, os capitalistas de risco determinam um período de investimento até que as empresas cresçam, período esse que normalmente varia entre quatro e sete anos, dependendo do tipo de empreendimento. À medida que elas crescem, surge a necessidade de financiamento da expansão, e os capitalistas de risco atraem novos investidores. Os filantropos de risco têm uma história no âmbito do capital de risco e as suas atividades filantrópicas estão enraizadas em conceitos e experiências-chave derivados da sua profissão. O trabalho de um filantropo de risco é adaptá-los às realidades da sociedade civil. Na linguagem da filantropia de risco, "doador" torna-se "investidor social", "beneficiário" torna-se "investida", e "líder sem fins lucrativos" torna-se "empreendedor social". Fonte: *A Proposta de Valor da Filantropia de Risco Por Maximilian Martin* [http://m.ecod.org.br/glossario-de-termos/f/filantropia-de-risco/pa_model1. Acesso em 17 jan 2019.] (N.T.)

filantropia de risco – criam pressões e sérios desafios para a formação de professores, em grande parte devido às finalidades muitas vezes diametralmente opostas dos parceiros para a escolarização.

As novas parcerias que cada vez mais definem a formação de professores nos Estados Unidos não podem ser desarticuladas do contexto político mais amplo em que as escolas e universidades operam. Isso inclui, centralmente, a privatização delas e da educação. Examinando a linguagem da privatização por meio dos olhos dos professores, vemos os efeitos no processo de aprender a ensinar, incluindo a maneira como os professores lutam, resistem e chegam a um acordo com diferentes visões de mundo em relação à educação e à maneira pela qual os interesses privados são "reformulados como bem público" (BOYLES, 2011, p. 442). Além disso, examinando como essas "parcerias" são experimentadas pelos participantes, somos capazes de ver o que é ganho e o que é perda nessas parcerias, especialmente quando se trata da necessidade de programas de formação de professores para desenvolverem "cidadãos criticamente transitivos" (BOYLES, 2011, p. 446) e tornarem-se "espaços contrapúblicos radicalmente democráticos em que o questionamento de estudantes e professores é favoravelmente antagônico em termos de apoio" (BOYLES, 2011, p. 450).

## "Parceria" na Residência LEE

No relatório NCATE Blue Ribbon Panel, intitulado "Parcerias educacionais", Howey e Zimpher (2010) apresentam quatro metas principais necessárias para que uma forte parceria se forme entre diferentes grupos: objetivos compartilhados; benefícios mútuos, mas não necessariamente iguais para cada parceiro; interdependência; e arranjos formalizados entre duas organizações, não indivíduos. Refletindo sobre sua própria experiência com parcerias, Goodlad (1994) observa da mesma maneira: "Aprendi como é importante ter o parceiro em potencial representado desde o início, sentado à mesa como iguais, sob circunstâncias que evidenciam essa igualdade... O começo correto é crítico" (p. 105).

Um membro do corpo docente na residência da Leaders for Equity in Education (LEE) envolvido em parcerias para a universidade, Andre, explicou sucintamente a origem da parceria universidade-LEE:

Então a coisa toda começou com William [um filantropo de risco da LEE]. [Ele é um] milionário, seja lá o que ele faça. Ele conhecia Craig, o presidente da [Universidade Parceira]. Eles estavam em uma festa. William disse: "Eu gostaria de fazer isso. Eu tenho uma escola no lado [nordeste]. Você pode fazer um programa para mim?". E Craig disse: "Claro, faremos isso. Nós lhe daremos um desconto de 50%". Apertaram as mãos e *boom*. Conseguimos um programa (Entrevista, Andre, 26 de agosto de 2011).

A parceria entre o LEE e a universidade era complexa e, no final, excepcionalmente desequilibrada. Nancy, a reitora da Universidade Parceira, entendeu que essas tensões eram em grande parte um conflito de abordagem. O compromisso da LEE de reverter e melhorar o desempenho do aluno é sustentado por um senso de urgência, traduzindo-se em uma estrutura de ensino e aprendizagem de "realização". A abordagem da Universidade Parceira, por outro lado, está enraizada na noção de aprendizado como um processo voltado para o "florescimento". Nancy descreveu essa tensão quando explicou que a universidade "amava" a crença que ensinar é um ato complexo; no entanto, ela explicou que a tendência da LEE "é voltar a essa ideia de que 'Nós temos que fazer isso, temos que seguir essas estratégias, Lemov e Danielson'. E eu sinto que parte do que trazemos [para a parceria] está constantemente fazendo com que eles digam: 'Isso não é suficiente... [Os residentes] precisam saber por que estão fazendo algo em particular'" (Entrevista, Nancy, 26 de agosto de 2011).

O corpo docente envolvido na parceria universidade-LEE ofereceu perspectivas mais críticas em relação a diferentes abordagens de formação de professores de cada instituição. Por exemplo, Antonio, professor de um curso de verão de cinco semanas do LEE, percebeu a tensão entre os parceiros como algo firmemente enraizado nas missões conflitantes das instituições. Antonio explicou: "a universidade tem sua própria filosofia, visão e missão, assim como a LEE. Então, o que acontece é nossa missão, as universidades que estão fazendo parcerias com essas grandes organizações estão [...] à sombra da visão e da missão do parceiro" (Entrevista, Antonio, 13 de outubro de 2010). É importante ressaltar que Antonio expressou suas observações sobre a natureza da parceria universidade-LEE dentro de um conjunto maior de preocupações sobre parcerias universitárias:

> Eu só quero a clareza lá de fora, que diz que as universidades que fazem parceria com esses programas também têm sua própria missão e filosofia. Eu creio que política e dinheiro afetam muito isso [...]. A universidade valoriza a parceria. Valorizamos isso porque ainda podemos aprender, estamos crescendo e podemos compartilhar ideias e estamos aqui tendo essa conversa. Também é valioso em termos de razões monetárias, porque há um certo número de estudantes, eles precisam ser formados. Há dinheiro, há concessão de dinheiro, e ninguém quer perder a parceria. Mas creio que haverá um tempo em que a universidade terá que reavaliar sua abordagem filosófica e entender e considerar o que é mais valioso. Coletar o recurso financeiro ou promover a missão e a visão e seguir em frente com isso? (Entrevista, Antonio, 13 de outubro de 2010).

Andre, o contato para a Universidade Parceira, ofereceu ideias cruciais sobre a qualidade e a natureza da parceria universidade-LEE. Perguntei a Andre o que a universidade ganhava ao fazer uma parceria com a LEE. Andre foi direto ao ponto:

> Eu acho que nossa universidade tem foco nacional e prestígio que eles não teriam conseguido de outra forma [...]. Arne Duncan diz que a parceria da [nossa universidade] com a LEE é um modelo de formação de professores para todo o país. Linda Darling-Hammond fala sobre o programa. Então, nós não teríamos tido essa visão antes e nós não a aceitaríamos mais tarde se ela acabasse [...]. Então eu suponho que a parceria LEE dá algum prestígio à universidade [que resulta em uma] relação de amor e ódio. Portanto, é difícil quando o presidente da LEE agradece a todos, exceto ao parceiro universitário no final do ano [na reunião do conselho]. Então, nosso presidente [da universidade] está no conselho esperando para ter um pouco de reconhecimento à universidade. Não havia reconhecimento à universidade (Entrevista, Andre, 26 de agosto de 2011).

## Linguagem e mercantilização da educação

"A linguagem é central para o processo de construção da realidade social – é produtiva, formativa e criativa – ela faz as coisas acontecerem" (Musson, Cohen; Tretze, 2007, p 46). Assim, olhar para a maneira pela qual o discurso dos negócios foi transferido para o domínio da educação e, em particular, para a parceria residência/universidade nos permite entender o pensamento subjacente das instituições. Uma maneira de fazer isso é examinar as metáforas que os participantes usam inconscientemente ao falar sobre suas experiências.

Metáforas conectam e comparam "duas coisas que não estão normalmente relacionadas" (Charteris-Black, 2014, p. 160) e nos ajudam a imaginar uma coisa em termos da outra (Lakoff; Johnson, 1980). Elas são onipresentes no pensamento e na linguagem cotidiana, muitas vezes profundamente entrincheiradas, dificilmente notadas e usadas sem esforço (Kövecses, 2010). Muito do que sabemos sobre a metáfora é influenciado pela pesquisa no campo da linguística cognitiva, que é "uma abordagem poderosa para o estudo da língua, sistemas conceituais, cognição humana, e construção do significado geral" (Fauconnier; Turner, 1999, p. 96). Por meio de pesquisas nessa área, chegamos a entender que a maior parte de nosso sistema conceitual é de natureza metafórica, o que significa que estruturamos a maneira como pensamos e o que fazemos por meio do pensamento metafórico. De acordo com Lakoff e Johnson (1980, p. 6), "metáforas como expressões linguísticas são possíveis precisamente porque há metáforas no sistema conceitual de uma pessoa". Portanto, quando usamos o termo metáfora, estamos falando sobre o conceito metafórico (por exemplo, a conexão mental entre duas coisas) no cérebro e não das palavras atuais expressas no discurso. Em vez disso, são essas expressões linguísticas metafóricas (MLEs) que nos ajudam a identificar metáforas conceituais. Um bom exemplo de um estudo passado (partes do qual podemos tirar deste capítulo) é a metáfora "APRENDER A ENSINAR É UMA VIAGEM" (Gatti; Catalano, 2015). Embora nenhum participante no estudo tenha dito explicitamente à pesquisadora que eles viam o aprender a ensinar como uma viagem, numerosas MLEs que pertencem ao domínio semântico da "VIAGEM" foram encontradas nos dados que nos levaram a identificar essa metáfora conceitual. Por exemplo, no excerto a seguir, Rachael fala sobre como ela se esforçou para criar significado em seu ensino, apesar de ter recebido um currículo prescrito que situa o estudo da literatura como pouco mais que um veículo por meio do qual se pode ensinar habilidades. Essa abordagem para aprender a ensinar o conteúdo da língua inglesa foi difícil para Rachael de várias maneiras. Para explicar seu pensamento, enquanto fala com a pesquisadora, ela diz o seguinte:

> **Rachael:** [...] Era como se não soubesse *se estou apenas andando na floresta* com trinta crianças atrás de mim e se há um grande abismo. Eu não sei como *navegar* nisso [...].

Obviamente Rachael não está literalmente andando em uma floresta em sua sala de aula, nem consulta a bússola para encontrar seu caminho. No entanto, como as MLEs no exemplo anterior mostram (andar na floresta e navegar), trata-se de um processo de tentar entender quais estratégias ensinar e para que fins elas funcionam melhor por meio da ideia de uma viagem. Nesse sentido, Rachael está concretizando o processo abstrato não apenas para ela mesma, mas também para a pesquisadora que a está entrevistando. Além disso, essas MLEs iluminam a ansiedade que Rachael sente ao conduzir trinta crianças atrás dela nessa "floresta". Ela é encarregada de orientar e guiar seus alunos em uma paisagem que não é familiar, escura, densa e repleta de perigos potenciais. Assim, examinando as metáforas que os participantes usam para falar sobre suas experiências de aprender a ensinar, ganhamos uma janela para a maneira como eles conceituam esse processo. Além disso, ao examinar as metáforas usadas pelo próprio programa (por meio de seus documentos e guias oficiais, como o Teach Like a Champion [Ensine como um campeão], de Doug Lemov), ganhamos uma compreensão do pensamento por trás desses programas e da maneira que a privatização dos programas de formação de professores tem mudado o próprio modo de pensar sobre a educação por meio da linguagem usada para falar sobre isso.

Essa transferência das práticas discursivas (e ideológicas) dos negócios para a área da educação pode ser referida como *mercantilização da educação* (MAUTNER, 2010). Segundo Mautner, na medida em que nós "nos aproximamos dos modelos corporativos", nos ajustamos a suas práticas discursivas (MAUTNER, 2010, p. 97). Por exemplo, podemos usar palavras como "investir" para descrever o que fazemos com a educação, ou podemos chamar nossas técnicas de ensino de "estratégias de investimento" ou "chamadas a frio"[5] (GATTI; CATALANO, 2015, p. 153-154). O que é importante notar aqui é que a adoção da terminologia é uma consequência natural da adoção da ideologia e isso marca todo um modo de ver a educação. Assim, no modelo da educação como negócio, os colegas de turma são vistos como concorrentes, não como cooperadores, e as escolas cujos alunos obtêm bons resultados nos testes são consideradas lucrativas, enquanto as de maus resultados nos testes não são lucrativas e são consideradas escolas fracassadas. Como Lakoff e Wehling (2012, p. 87) explicam, "[p]rofessores desses bons alunos trazem lucro e, como executivos que ganham bônus, merecem pagamento por mérito". Escolas cujos alunos vão mal em testes são como empresas que perdem dinheiro e precisam ser fechadas. Como os gerentes que são demitidos por perder dinheiro, o mesmo ocorre com professores cujos alunos não obtêm pontuações altas nos testes (LAKOFF; WEHLING, 2012, p. 87).

Por meio do aumento da privatização da educação, visões mercantilizadas da educação tornaram-se "tão totalmente integradas no texto e nas conversas de todos os dias que podem passar facilmente despercebidas, mesmo pelos leitores e pelos ouvintes linguisticamente sensíveis" (MAUTNER, 2010, p. 2). De fato, essas visões da educação tornaram-se tão naturalizadas que "visões alternativas não mercantilizadas se tornaram quase indizíveis e crucialmente impensáveis" (MAUTNER, 2010, p. 2). Assim, a linguagem desempenha um papel fundamental como causa e efeito na mercantilização global.

Uma palavra que reflete a mercantilização do discurso é "parceria". De acordo com o dicionário, um parceiro é uma pessoa que participa em uma empresa com os outros, especialmente em um negócio ou empreendimento com os riscos e lucros compartilhados. No entanto, enquanto a palavra "parceria" é usada para descrever as

---

[5] A chamada a frio é a solicitação de negócios de clientes em potencial que não tiveram contato anterior com o vendedor que conduz a chamada. É uma tentativa de convencer clientes em potencial a comprar o produto ou serviço do vendedor. [https://en.wikipedia.org/wiki/Cold_calling. Acesso em 17 jan 2019.] (N.T.)

relações entre uma empresa e uma instituição de ensino, os detalhes reais dessa parceria (por exemplo, quem faz o quê, quais filosofias e ideologias estão sendo incorporadas e como as coisas são consumadas) são ofuscados. Em essência, a vaga metonímia esconde informações essenciais sobre quem são os parceiros, que objetivos mais amplos eles têm para a formação de professores (e para qual fim) e as orientações ideológicas que dirigem seus pensamentos e ações (Gatti, 2016).

Na seção anterior, discutimos a parceria entre a LEE e uma Universidade Parceira. Na parte dos resultados da pesquisa, examinamos como essa "parceria" se parece a partir da perspectiva de dois professores novatos que vivenciam sua manifestação cotidiana nas salas de aula. Examinar as metáforas que eles usam para falar sobre aprender a ensinar dentro de um programa definido por "parceria" nos permite entender melhor como os professores novatos negociam a aprendizagem em um ambiente neoliberal e a natureza predominante em que a linguagem do programa mergulha professores e alunos na lógica do mercado (Mautner, 2010; ver também Loh; Hu, 2014).

## Métodos

### Participantes

Este capítulo baseia-se em um estudo mais amplo, com duração de um ano, que explorou como professores iniciantes aprenderam a ensinar inglês, no ensino médio, em um programa universitário de formação de professores e uma residência docente em uma escola urbana (UTR).[6] Especificamente, selecionamos Rachael e Sam porque estávamos interessados em ver como dois professores iniciantes na LEE expressaram linguisticamente suas experiências de aprendizado para ensinar. Mais do que isso, o fato de esses professores terem sido colocados na mesma sala de aula do ensino médio da Academia de Ensino Médio (TAHS), a principal escola de treinamento da LEE,

---

[6] As "escolas urbanas" nos Estados Unidos referem-se às instituições escolares localizadas nos centros urbanos e em que a maioria dos alunos é pobre e "de cor" (negros, latinos e outras minorias raciais). Em geral, são escolas com menos recursos que as escolas localizadas em subúrbios ricos das cidades estadunidenses. (N.T.)

permitiu entender melhor as maneiras pelas quais cada professor dava sentido ao aprender a ensinar dentro de um programa composto por instituições parceiras cujas missões de ensino e formação de professores estavam em conflito.

## Coleta e análise de dados

A coleta de dados ocorreu durante um ano acadêmico (2010-2011), pois um dos requisitos mais importantes de qualquer estudo de caso é o uso de múltiplas fontes de dados para triangular dados e confirmar os resultados (STAKE, 2006; YIN, 2009; MERRIAM, 1998). Sendo assim, várias fontes de dados foram usadas. Os dados dos participantes primários (N = 9) incluíram as seguintes fontes: duas a quatro observações de campo, cada uma com duração entre duas e cinco horas; notas de campo analíticas; quatro a cinco entrevistas em profundidade, variando de 50 a 90 minutos de duração; e análise de documentos, que incluiu aulas e planos de unidade, bem como documentos relevantes do programa. Os participantes secundários (N = 17) nesse estudo incluíram professores de disciplinas de metodologia de ensino, supervisores, orientadores de estágio, professores colaboradores e orientadores dos participantes residentes do LEE. Eu (Gatti) entrevistei cada um desses participantes secundários de uma a duas vezes, cada entrevista com duração entre 45 e 90 minutos. Finalmente, entrevistas em profundidade também foram conduzidas com dirigentes da Universidade Parceira e responsáveis pela parceria com a LEE, a fim de compreender o contexto programático mais amplo. Essas entrevistas permitiram situar meu estudo dentro de um contexto maior de políticas de formação de professores.

Para entender como os participantes conceberam o aprendizado da docência e como a linguagem programática da LEE influenciou seus processos de pensamento, uma análise metafórica sistemática foi conduzida sobre os enunciados dos participantes das entrevistas transcritas. No caso deste estudo, nos baseamos em análises anteriores (GATTI; CATALANO, 2015), mas focamos em metáforas que se sobrepunham entre nosso caso previamente analisado, Rachael, e sua companheira de estágio, Sam. Notavelmente, encontramos muitas metáforas abrangentes em comum. Organizamos nossos resultados em torno dessas quatro metáforas sobrepostas.

## Resultados

Conforme ilustrado anteriormente neste capítulo, o corpo docente e a administração reconheceram da mesma forma a parceria entre LEE e Universidade Parceira como sendo complicada e repleta de tensões, tanto ideológicas quanto pedagógicas. Assim, enquanto a residência LEE era uma parceria no nome, na realidade, ela representava uma relação marcada por profundas desigualdades e incoerências substanciais. Essas tensões entre as instituições parceiras não eram apenas noções abstratas e discursivas; em vez disso, elas saturaram o processo do aprender a ensinar dos residentes que eram empregados pela LEE UTR. Nesta seção, mostramos como as falhas tornaram-se visíveis na linguagem das duas participantes, Rachael e Sam, enquanto elas falavam sobre suas experiências do aprender a ensinar na residência LEE. Observe que, embora Rachael e Sam fossem colocadas com a mesma professora mentora, Laurie, em um dos principais locais de treinamento da LEE, elas experimentaram essa tensão na relação e, no fim, optaram por não trabalhar juntas como outros residentes fizeram. Apesar do fato de elas terem personalidades e abordagens para o ensino diferentes, nossa análise da metáfora crítica revelou que Sam e Rachael usaram uma linguagem semelhante para transmitir suas percepções de aprender a ensinar na residência LEE. Muitas metáforas foram usadas para ilustrar as tensões identificadas (para mais detalhes, ver GATTI; CATALANO, 2015). No entanto, neste capítulo, nos concentraremos em quatro das metáforas mais comuns e compartilhadas por Sam e Rachael: "Partes de um todo", "Professores são máquinas", "A Residência Lee é um hospital/laboratório" e "Aprender a ensinar é uma viagem".

## Partes de um todo

A primeira metáfora encontrada no discurso dos nossos sujeitos de pesquisa foi a da parceria sendo um todo em que os participantes se esforçam para se unir por meio das várias partes incoerentes (universidade, UTR, várias fontes que eles recebem para se basear: como Lemov, por exemplo). Esta metáfora ontológica da parte/do todo nos permite "compreender as nossas experiências em termos de objetos e substâncias" e quantificar e identificar aspectos particulares bem como nos ajudar a lidar racionalmente com as nossas experiências (LAKOFF;

JOHNSON, 1980, p. 25-26). No exemplo abaixo, Sam fala sobre como aprender toda a terminologia programática é "como aprender uma nova língua" e como todas as peças não andam juntas:

> Quero dizer que há, na verdade, uma tonelada de siglas e coisas que não são necessariamente exclusivas da UTR, como o ECRS ou padrões acadêmicos da língua inglesa. Mas é como se as pessoas estivessem por toda parte, o tempo todo, ECRS, RCRS, C-CRS, todas essas coisas, e isso tem muito a ver com as siglas, mas então é uma estratégia que vem de Lemov e o ciclo de gestão de comportamento. Então, são todos esses elementos se unindo. Eu não sei se há alguma coisa exclusivamente UTR. É basicamente um *meio para reunir* pessoas e programas.

A descrição que Sam faz do ensino como um processo de juntar elementos díspares nos faz lembrar: não há dois remendos combinados e cada um vem com sua própria história, incluindo quem o usou, quando e onde. Sam continuou a fazer referências a incompatibilidades de seu currículo quando perguntada onde estava aprendendo a ensinar inglês como disciplina:

> [...] Acho que o que minha turma de metodologia de ensino, que terminou na semana passada, supostamente deveria ser sobre [...]. Aprendemos muitas maneiras boas de escrever, aprendemos a fazer mini-lições sobre gramática e a relacionar algumas coisas com o texto, mas não é como realmente ensinar um romance. Eu continuo recebendo informações diferentes de todas as partes. Como se eu sentisse que meu professor de metodologia de ensino dissesse: "Bem, não simplesmente ensine um romance; não simplesmente jogue um romance sobre eles [os alunos]". Use-o para ensinar-lhes vocabulário e use-a para ensinar tudo, tudo o que seu currículo deve *tecer junto*. *E eu sinto como se LEE fosse como se houvesse alguma gramática isolada*, algum vocabulário *isolado*, tudo é ensinado separadamente. E então vamos lançar esse texto em você, mas não podemos realmente falar sobre o conteúdo, temos que falar sobre as habilidades. Então, tudo o que você pensou que você faria quando quisesse se tornar um professor de inglês, você não vai fazer porque não vamos realmente falar sobre o texto [...] É como eu sinto que a coisa vai continuar.

Conforme seu ano de residência docente continuava, a descrição de Sam das partes isoladas permaneceu a mesma, mas a maneira como ela lutava com esses elementos isolados mudou. Ela explicou:

> Estou aprendendo a *reunir* elementos diferentes da língua inglesa. Leitura, escrita e gramática para fazer algum tipo de aula coeso para que o meu ensino não se sinta "Ok, agora que estamos fazendo uma viagem para a terra da gramática"; não se sinta tão desconexa. Porque com o meu modo de ensinar eu estava fazendo muito disso e meio que vendo que eu posso torná-lo mais integrado. Eu não estou vendo um modelo disso, mas é um objetivo.

A companheira de estágio de Sam, Rachael, também descreveu sua experiência de aprender a ensinar com uma metáfora "Parte para o todo". Quando perguntada sobre o ensino em equipe em seu estágio de residência, Rachael descreveu da seguinte maneira:

> É uma daquelas coisas em que praticamente somos *parcelados* em diferentes lições, apenas *como padrão*, seja lá quem estava fazendo isso antes. Não é realmente negociado, é apenas uma espécie de *lugar em que as peças aterrissam*.

O uso de Rachael da palavra "parcelada" é impressionante, dada a definição de "parcela": "dividir alguma coisa em partes menores, especialmente para vendê-las". Rachael não estava usando conscientemente o verbo "parcelar" para indicar uma compreensão da lógica baseada no mercado de ensino e na atribuição curricular; no entanto, sua expressão metafórica é crucial. A CMA nos permite ver a invisível e penetrante presença do imaginário social neoliberal na linguagem que ela usa.

## Professores são máquinas

Nessa metáfora, nós percebemos como as participantes da pesquisa comparam seus papéis de professores com os das máquinas. Sam explica,

> Porque ensinamos habilidades, os textos são um tipo do que usamos para ensinar as habilidades. Então, eu acho que é diferente da minha visão inicial e romantizada de ensinar inglês, mas tudo bem. Eu tive apenas que *mudar um interruptor na minha cabeça* e vejo objetivo ao fazer isso [...].

Rachael tem uma observação semelhante:

> Eu esperava que fosse mais, sua própria perspectiva em particular e o que você pode trazer para todo o processo. Acho que o que estou descobrindo é o quanto você pode se ambientar e se *tornar parte do sistema*. Mas a ironia é que, quando se trata de planejamento, o que estou descobrindo é a minha própria situação, tudo isso termos de como você se move fisicamente nesse espaço e na logística e é isso. Acho que já disse, isso sempre me faz pensar em *Happy Feet*, quando ele aparece com um estranho monitor nas costas. Isso me faz sentir como um *professor de controle remoto*, às vezes.

Em ambos os casos, as realizações linguísticas "mudar um interruptor na minha cabeça" e "professor de controle remoto" indicam a perda total de controle, no qual ela é privada de ação, escolha e criatividade (GATTI; CATALANO, 2015). Esse resultado se alinha com o estudo de Popescu (2017), que comparou o uso das metáforas para a economia na mídia britânica e na romena e descobriu que as metáforas com o termo "máquina" eram mais recorrentes no discurso romeno. O autor atribuiu essa descoberta à falta de controle sentida pelos romenos como resultado de sua história em um regime comunista autoritário. Assim, a ideia de que as metáforas de máquina ou metáforas de robô se relacionam com a falta de controle é bem estabelecida e ilustra a natureza insidiosa de trabalhar em um programa em que a conformidade é necessária para permanecer nele. Os residentes do LEE eram funcionários do programa e podiam ser demitidos a qualquer momento. Dada essa realidade, as decisões tomadas individualmente por Sam e Rachael para renunciar suas escolhas profissional e ética são sensatas. Por utilizar inconscientemente a metáfora do "professor é uma máquina", elas revelam os vínculos nele envolvidos: as máquinas não podem pensar por conta própria, elas são controladas por uma força externa e não têm capacidade para julgamentos críticos sobre seu próprio ensino ou acerca do que é melhor para seus alunos.

## A residência LEE é um hospital/laboratório

A terceira metáfora encontrada no discurso de ambas as participantes é a que "a residência é um hospital/laboratório". Em ambos os casos, a metáfora é usada para discutir um ambiente de vigilância em que a completa falta de privacidade produz sensação de vulnerabilidade e, no caso de Rachael, até mesmo violação. Tudo o que elas fazem na sala de aula é submetido a escrutínio, críticas e análises. Abaixo, Sam revela a pressão que ela sente da LEE em divulgar ou não divulgar sua identidade de gênero gay.

> **Sam:** [...] Eu não sei. É um pouco estranho e um pouco desconfortável porque sinto que há muita pressão não dita. Pressão para não divulgar minha identidade.
>
> **Lauren:** De onde você sente que vem essa pressão?
>
> **Sam:** Eu não sei. É assim, como a pressão do UTR. Pressão não tanto de outros professores. Como se eu não tivesse a ideia de que isso é o que existe no [distrito escolar], mas acabei de receber aquela falsa sensação de pressão da LEE. Porque eu sinto como *se eu estivesse sob o microscópio* o ano todo [...]. Quer dizer, eu quero ser capaz de falar sobre o assunto, falar sobre gênero e falar sobre sexualidade, uma vez que aparece no que estamos lendo, mas eu sinto que não quero tocar no assunto.

A expressão linguística metafórica (MLE) de estar "sob o microscópio" mapeia ações e objetos associados a laboratórios e/ou hospitais na experiência de aprender a ensinar. A fim de compreender o pensamento que influencia essa metáfora, precisamos chamar a atenção para as coisas que normalmente são colocadas sob um microscópio (por exemplo, partículas minúsculas, espécimes) e o que se espera que seja obtido examinando-as. Ou seja, essas pessoas em um laboratório normalmente visualizam células ou amostras para diagnosticar problemas ou aflições a fim de que possam ser resolvidos. Nessa metáfora, Sam é o que está sob o microscópio e, portanto, todas as qualidades associadas a células ou a amostras seriam mapeadas em seus próprios sentimentos e experiências no programa. Assim, nos programas de formação de professores cuja missão é apenas a realização (*versus* o florescimento), os professores são a doença ou a aflição que devem ser consertadas ou curadas para que se obtenham "ganhos notáveis no desempenho do aluno". Ao dizer que está "sob o microscópio", Sam inconscientemente percebe essa ideologia central do programa.

Rachael, companheira de estágio de Sam, expressou sentimentos muito parecidos de impotência e falta de ação. Rachael utiliza uma metáfora com o parto para explicar a sensação de escrutínio constante, bem como a falta de ação e poder e a violação pessoal que ela sente sendo observada, como no seguinte comentário:

> **Rachael:** Sim, era como a perda da privacidade ao *ter uma criança* com uma *sucessão de médicos que chegam e se sentem muito confortáveis colocando as mãos em sua vagina*. É como "Oh, você se importa?". Há constantemente pessoas chegando e acho que comparo isso com aquilo porque sou uma pessoa muito reservada para a ideia de entregar minha imagem e minha voz e tudo o que não é natural para mim. Eu acho que, em termos de processo, eles são capazes de obter dados realmente bons. Acho que, em termos de formação de professores, isso pode realmente produzir os resultados que eles querem, mas, em termos pessoais, acho que de certa forma é degradante esse tipo de escrutínio (GATTI; CATALANO, 2015).

Tomados em conjunto, vemos que quer a participante falar sobre estar sob um microscópio, quer ter um bebê em um hospital, uma coisa se liga às MLEs: a completa falta de vontade e poder que cada uma delas sente quando as pessoas as estudam. Embora a sensação de perda do controle seja um aspecto inevitável de aprender a ensinar – em qualquer programa e em qualquer ambiente –, as maneiras como os residentes da LEE descreveram isso eram particulares. Os professores universitários do estudo mais amplo não expressaram esses tipos de conceituação metafórica da experiência de aprender a ensinar.

## Aprender a ensinar é uma viagem

Finalmente, a metáfora de aprender a ensinar sendo uma viagem foi encontrada com frequência nos dados de ambas as participantes. Curiosamente, elas usaram a metáfora de andar de bicicleta para se referir ao processo de aprender a ensinar, mas, infelizmente, a bicicleta era vista como perigosa e/ou fora de controle, como nos exemplos a seguir. No primeiro, a pesquisadora realmente pede a Sam para conscientemente apresentar uma metáfora que descreve suas experiências de aprender a ensinar (considerando que, nos outros casos de metáfora nesta análise, elas não foram conscientemente pensadas ou explicitamente apontadas pelas participantes). Sam responde:

> Estou pensando em objetos circulares, tentando subir uma colina. Tentando empurrar uma bola grande para cima de uma colina ou *andar de bicicleta subindo uma colina*. Algo que é incrivelmente difícil no início e, em seguida, você chega a um ponto – e o ponto, para mim, era conseguir um emprego – onde se sente competente e então parece tão rápido todo o caminho para baixo que você fica como "ok, ok, ok, estou pronta, estou pronta, mas você ainda está na sala de aula de outra pessoa". Isso é como esse ano pareceu ser. É difícil e, então, você chega a um ponto onde sabe que você é competente e pode ficar bem. Eu cheguei ao ponto em que sinto que posso ter minha própria sala de aula agora e, desde então, *tenho rolado ladeira abaixo*. Apenas fazendo o que posso ao longo do caminho, mas toda essa papelada e outras coisas continuam vindo na minha direção. Não é uma ótima metáfora.
>
> **Laurie:** Não. Então você refere a si mesma como "a bola rolando morro abaixo"? Onde você está nisso?
>
> **Sam:** Sim, acho que *sou o objeto, a bola, a bicicleta*. Sim [...].

Portanto, esse exemplo revela uma incrível perda de controle em aprender a ensinar: a viagem. E uma falta de orientação ou de alguém que impeça que a bola role para baixo. No caso de Rachael, a seguir, ela observa como se sente sozinha no processo, que é como se ela tivesse aprendendo a andar de bicicleta e não houvesse ninguém lá para impedi-la de cair continuamente. Ela explica:

> **Rachael:** Mas neste momento realmente sinto que eu poderia ir a algum lugar e ser ouvida? Não. Estou me sentindo muito como "Oh, ok. Chegando perto". Acho que atingi aquele *ponto da viagem* durante o recesso. Estou como se eu não estivesse indo para obter o que eu preciso, mas eu tenho uma oportunidade para ensinar, estou aprendendo coisas, estou exigente em termos de *feedback*, como eu posso usar isso sem perder completamente o ponto, porque não é o que eu estava pedindo. E estou aprendendo. É como me ensinar a andar de bicicleta. E continuar caindo.

O comentário de Rachael se conecta com as metáforas discutidas anteriormente (por exemplo, hospital/laboratório) em que as participantes sentiram que não tinham controle ou ação no processo. Além disso, a falta de um guia ou de alguém para ensiná-la a pedalar levou-a a cair da bicicleta e, no fim, abandonar o programa.

## Conclusão

Por meio da Análise Crítica da Metáfora (CMA), tentamos mostrar como duas residentes navegaram por diferentes imaginários sociais incorporados nas duas instituições parceiras. Quando lidamos com instituições com objetivos diametralmente opostos, como no caso da Universidade Parceira e da LEE, devemos entender que as ideologias e as missões conflitantes não permanecem retoricamente isoladas; em vez disso, moldam, de maneira muito real, o processo de aprendizagem dos inscritos (ou empregados, no caso da LEE) no programa em particular. Como demonstramos em nossos resultados de pesquisa com Sam e Rachael, as forças insidiosas da privatização e o foco na realização (medido por dados) resultam em sensação de impotência, perda de ação e confusão enquanto tentam dar sentido às díspares e conflituosas etapas do programa. Vemos a maneira como os professores, simultânea e paradoxalmente, são encarregados de fazer todo o trabalho para ajudar os alunos a alcançarem êxito, mas também a serem limitados de qualquer poder para tomar decisões ou exercer o desenvolvimento profissional.

Vimos como a privatização é vivenciada nesse campo por professores novatos, que sentem os efeitos reais de parcerias em que o papel dominante das empresas privadas é ocultado e os professores são deixados para ajustar um programa coerente para seus alunos. Programa esse cuja construção de significado não é ignorada ou deixada de lado inteiramente na busca de treinar os estudantes para o mercado de trabalho. Portanto, cabe aos programas de formação de professores criar espaços em que os alunos possam ser "criticamente transitivos" (BOYLES, 2011, p. 446) e também descobrir maneiras de permanecer fiéis ao foco na criação de significado e pensamento crítico enquanto ainda se esforçam para atingir objetivos programáticos associados ao lado privado da parceria.

Pensando no que pode ser feito na formação de professores, propomos três pontos de partida:

1. *Reconheça o propósito da divisão*: se as instituições parceiras têm uma divisão ideológica, não é bom fingir que essas tensões não existem ou são benignas ou neutras, porque elas não são. Assim, devemos ser honestos e transparentes com nossos alunos ao identificar explicitamente as diferenças inconciliáveis.
2. *Crie espaço para reflexão crítica*: os programas de formação de professores precisam ser um espaço para os alunos refletirem, considerarem e negociarem criticamente as diferentes influências que experimentam em seu processo de aprender a ensinar, seja ele o Teach for America [Ensinar para a América] (ou o Teach for All [Ensinar para todos]), programa baseado na universidade, ou uma parceria entre um empreendimento filantrópico, um distrito escolar e uma universidade.
3. *(Re)centralize objetivos em e para o ensino*: ajude os alunos a considerar, revisar, se afastar ou criar os próprios objetivos de ensino, o tal "ensinar para que fim?" (GATTI, 2016). No caso de Sam, por exemplo, foi seu compromisso com o objetivo de criar significado que permitiu que ela atendesse aos requisitos da LEE no que diz respeito à realização e, ao mesmo tempo, desenvolvesse e mantivesse um senso de integridade pessoal e profissional para ensinar e se relacionar com os alunos.

Em conclusão, argumentamos que as forças baseadas no mercado e as forças privatizadoras são ideologicamente incompatíveis com o imaginário social apresentado por universidades e/ou instituições criticamente transitivas. Como Kirp (2003, p. 144-145) nos lembra, "sempre houve uma tensão entre a universidade e a fonte de financiamento que tende a controlar o pensamento". Essas tensões não desaparecerão e, como os outros capítulos deste livro ilustram dolorosamente, elas são globais por natureza. Talvez reconhecendo a divisão de propósitos, criando espaço crítico para a reflexão e os objetivos (re)centralizados no e para o ensino, podemos ajudar nossos alunos – em qualquer caminho – a aprender a negociar esse terreno político complexo, novo e baseado no mercado.

# Referências

ANAGNOSTOPOULOS, D.; SMITH, E.; BASMADJIAN, K. Bridging the University-School Divide: Horizontal Expertise and The "Two-Worlds" Pitfall. *Journal of Teacher Education,* Thousand Oaks, v. 58, n. 2, p. 138, 2007.

BENDIX, A. Trump's Education Budget Revealed. *The Atlantic,* Boston, 26 mar. 2017. Disponível em: <https://www.theatlantic.com/education/archive/2017/03/trumps-education-budget-revealed/519837>. Acesso em: 21 nov. 2018.

BOYLES, D. The Privatized Public: Antagonism for a Radical Democratic Politics in Schools? *Educational Theory,* Illinois, v. 61, n. 4, p. 433-450, 2011.

BRITZMAN, D. P. *Practice makes practice: A critical study of learning to teach.* Albany, NY: SUNY Press, 2003.

BICKMORE, S.; SMAGORINSKY, P.; O'DONNELL-ALLEN, C. Tensions Between Traditions: The Role of Contexts in Learning to Teach. *English Education,* Indiana, v. 38, n. 1, p. 23, 2005.

CHARTERIS-BLACK, J. *Analysing Political Speeches: Rhetoric, Discourse and Metaphor.* Basingstoke: Palgrave Macmillan, 2014.

ESTADOS UNIDOS. Departamento de Educação. *Programs: Race to The Top Fund.* Washington, DC, 2016. Disponível em: <https://www2.ed.gov/programs/racetothetop/index.html>. Acesso em: 21 nov. 2018.

ESTADOS UNIDOS. Gabinete de Gestão e Orçamento. *Budget of the U.S. Government: A New Foundation for American Greatness. Fiscal Year 2018.* Washington, DC, 2017. Disponível em: <https://www.whitehouse.gov/sites/whitehouse.gov/files/omb/budget/fy2018/budget.pdf>. Acesso em: 21 nov. 2018.

FAUCONNIER, G.; TURNER, M. Blending as a central process of grammar. In: GOLDBERG, A. E. (Ed.). *Conceptual structure, discourse and language.* Stanford: CSLI Publications, 1996. p. 113-130.

GASTIC, B. Closing The Opportunity Gap: Preparing The Next Generation of Effective Teachers. In: HESS, F. M.; MCSHANE, M. Q. (Eds.). *Teacher Quality 2.0: Toward a New Era in Educational Reform.* Cambridge, MA: Harvard Education Press, 2014. p. 91.

GATTI, L. *Toward a Framework of Resources for Learning to Teach: Rethinking US Teacher Preparation.* New York: Palgrave, 2016.

GATTI, L.; CATALANO, T. The Business of Learning to Teach: A Critical Metaphor Analysis of One Teacher's Journey. *Teaching and Teacher Education,* Stanford, v. 45, p. 149-160, 2015.

GIROUX, H. (2012, June 19). Beyond The Politics of The Big Lie: The Education Deficit And The New Authoritarianism. *Truthout*, Sacramento, 19 jun. 2012. Disponível em: <http://www.truth-out.org/opinion/item/9865>. Acesso em: 21 nov. 2018.

GOODLAD, J. I. *Educational renewal: Better teachers, better schools*. San Francisco: Jossey-Bass Inc., 1994

HOWEY, K. R.; ZIMPHER, N. L. Educational Partnerships to Advance Clinically Rich Teacher Preparation. Washington, DC: National Council for the Accreditation of Teacher Education, 2010.

HURSH, D. *The end of public schools: The corporate reform agenda to privatize education*. Nova York: Routledge, 2016.

KAMENETZ, A. President Trump's Budget Proposal Calls for Deep Cuts to Education. *NPR Ed*, Washington, DC, 22 maio 2017. Disponível em: <http://www.npr.org/sections/ed/2017/05/22/529534031/president-trumps-budget-proposal-calls-for-deep-cuts-to-education>. Acesso em: 21 nov. 2018.

KIRP, D. L. *Shakespeare, Einstein, and The Bottom Line: The Marketing of Higher Education*. Cambridge, MA: Harvard University Press, 2003.

KÖVECSES, Z. *Metaphor: A Practical Introduction*. 2. ed. Oxford: Oxford University Press, 2010.

LAKOFF, G.; JOHNSON, M. *Metaphors We Live By*. Chicago: Chicago University Press, 1980.

LAKOFF, G.; WEHLING, E. *The Little Blue Book: The Essential Guide to Thinking and Talking Democratic*. Nova York: Simon and Schuster, 2012.

LOH, J.; HU, G. Subdued by The System: Neoliberalism and the Beginning Teacher. *Teaching and Teacher Education*, Stanford, v. 41, p. 14–21, 2014.

MAUTNER, G. *Language and The Market Society: Critical Reflections on Discourse and Dominance*. Nova York: Routledge, 2010.

MERRIAM, S. B. *Qualitative Research and Case Study Applications in Education*. Revised and Expanded from "Case Study Research in Education.". San Francisco: Jossey-Bass Publishers, 1998.

MUSSON, G.; COHEN, L.; TIETZE, S. Pedagogy and The "Linguistic Turn": Developing Understanding Through Semiotics. *Management Learning*, Thousand Oaks, v. 38, n. 10, p. 45-60, 2007.

POPESCU, T. Conceptualisation of Economy in The British and Romanian Business Press: A Corpus-Based Approach. In: International Conference on

Figurative Thought and Language, 3, 2017, Osijek. *Anais...* Nova York: John Benjamins Publishing Company, 2017.

RIZVI, F.; LINGARD, B. *Globalizing Education Policy.* Nova York: Routledge, 2010.

SMAGORINSKY, P. *et al.* Tensions in Learning to Teach: Accommodation and The Development of a Teaching Identity. *Journal of Teacher Education,* Thousand Oaks, v. 55, n. 1, p. 8, 2004.

STAKE, R. E. *Multiple Case Study Analysis.* Nova York: Guilford Press, 2013.

YIN, R. K. How to do Better Case Studies. In: BICKMAN, L.; ROG, D.J. (Eds.). *The SAGE Handbook of Applied Social Research Methods.* 2. ed. Nova York: SAGE Publications, 2009. p. 254-282.

ZEICHNER, K. M. Rethinking The Connections Between Campus Courses And Field Experiences In College-And University-Based Teacher Education. *Journal of Teacher Education,* Thousand Oaks, v. 61, n. 1-2, p. 89, 2010.

ZEICHNER, K. M.; PAYNE, K. A.; BRAYKO, K. Democratizing Teacher Education Through Practice-Based Methods Teaching and Mediated-Field Experiences in Schools and Communities. In: *Annual Meeting of the American Educational Research Association,* Denver, 2011.

CAPÍTULO 4

# Identidade do professor e problemas políticos atuais da formação docente na Turquia

*Abdullah Cendel Karaman*[1]
*Emrullah Yasin Çiftçi*[2]
*Tradução: Cristina Antunes*

## Introdução

Enquanto programas de formação de professores com duração de quatro anos têm sido tradicionalmente oferecidos em várias instituições de ensino superior na Turquia, desde o início dos anos 1980 e da fundação das faculdades de educação (TURQUIA, 2007), nos últimos anos, observam-se desafios adicionais relacionados ao recrutamento, às carreiras e ao desenvolvimento profissional de professores nesse país. Nesse grande sistema nacionalmente regulado, com mais de um milhão de professores (incluindo os docentes de ensino superior), as questões cada vez mais visíveis em debates políticos incluem o processo de seleção, de formação e de certificação de professores, o status social dos docentes e a formação profissional contínua (DUMAN, 1991; KAVCAR, 2002; MONE, 2017; SAYLAN, 2013).

---

[1] Universidade Técnica do Oriente Médio. Departamento de Educação de Línguas Estrangeiras. Ancara, Turquia.

[2] Universidade Técnica do Oriente Médio. Departamento de Educação de Línguas Estrangeiras. Ancara, Turquia.

Mais recentemente, a qualificação do professor, o seu status profissional, as políticas de responsabilização (ou de prestação de contas) e o credenciamento das faculdades de educação aparecem como uma das principais ênfases nas discussões entre formadores de professores e formuladores de políticas educacionais (Doğanay *et al.*, 2015; Mone, 2017). Todas essas questões recentes também têm ligações com a representação pública e as percepções sobre a identidade do professor (Taner; Karaman, 2013). Neste capítulo, exploramos brevemente os desafios atuais da política de formação de professores na Turquia e as conexões entre estes e a discussão sobre a construção da identidade docente por meio de uma análise qualitativa baseada na interpretação de documentos, registros e estudos sobre políticas educacionais nesse país. Em seguida, apresentamos um caso que representa as experiências de um professor iniciante em relação aos desafios das políticas educacionais e a construção da identidade docente.

## A profissão e a identidade docente no contexto turco

Aos olhos da população, o candidato a professor é mais comumente percebido como aquele que aguarda ansiosamente o resultado das colocações de cargos docentes por meio das pontuações obtidas em um concorrido teste administrado nacionalmente, o Public Personnel Recruitment Examination (KPSS) [Exame de recrutamento público de pessoal], feito após a formatura. Nos noticiários nacionais televisionados, os candidatos se reúnem em um auditório animado, enquanto o resultado de suas colocações é mostrado em uma projeção do mapa do país, apresentando a grade de horários e os locais de encontro. Em 2016, o Ministério da Educação (MoNE) da Turquia nomeou cerca de cinquenta mil professores entre os 455.119 candidatos que participaram do teste nacional (Mone, 2017). Em apenas 73 cidades, há uma demanda de mais de setenta mil professores, com base em algumas estimativas (Agência Anadolu, 2016). Em uma equação de emprego tão complexa, muitos candidatos a professores em diferentes áreas de ensino relatam preocupações em relação ao desemprego e à impossibilidade de obter cargos efetivos em escolas públicas na Turquia (Duman; Aysel; Yakar, 2012).

O método preferido para lidar com a escassez de professores tem sido contratar professores substitutos por muitos anos. Vários profissionais substitutos nem sequer são certificados para se tornarem professores, além de lecionarem 40 horas por semana e correrem de escola em escola para atender à demanda. Esses profissionais são geralmente graduados em escolas técnicas cuja duração do curso de formação docente é de dois anos ou em faculdades que não são de educação. Eles ganham baixos salários por hora trabalhada, o que dificulta a manutenção de suas despesas pessoais, além de não receberem benefícios de aposentadoria da previdência social. Depender de professores substitutos tem um impacto negativo na qualidade da educação. Embora existam mais de cem mil professores qualificados à espera de vagas, o Ministério da Educação da Turquia continua a recrutar professores substitutos (Mone, 2017). Em conexão com essas práticas, a percepção pública e a autopercepção da identidade do professor são, portanto, afetadas negativamente (Sarikaya, 2016). O respeito e o compromisso com a carreira docente diminuem e muitos professores relatam sentir-se desvalorizados, já que não podem ser contratados para cargos docentes, embora tenham um diploma de licenciatura (com base em programas de preparação de professores de quatro anos) (Agência Anadolu, 2016).

Uma pesquisa realizada com educadores e administradores de escolas também revelou *insights* em relação ao status dos professores na Turquia (Altındağ, 2014). Entre os resultados dessa pesquisa, estão os seguintes:

- Apenas 4,7% dos participantes acreditavam que a profissão mais respeitada na Turquia é o magistério.
- Entre os participantes, 90,9% acreditam que as escolas públicas perderam sua reputação.
- Do total, 96,5% dos participantes acreditam que os professores perderam sua reputação profissional.

Entre os problemas apontados por Altındağ (2014) estavam atitudes desrespeitosas dos estudantes com os professores e notícias sobre violência escolar. Essas percepções podem ser interpretadas também em relação a um aumento rápido dos programas de preparação de professores. O grande número de ex-alunos que não consegue encontrar colocações efetivas no magistério pode ter contribuído para essa desilusão, tanto aos olhos da população quanto das comunidades profissionais. Ao mesmo tempo, curiosamente, apesar da erosão relatada na reputação da profissão docente e de várias áreas problemáticas reveladas pelos professores em relação ao seu trabalho, um número considerável de jovens turcos manifestou interesse em se tornarem professores no futuro (OCDE, 2006). Entre as motivações comumente relatadas para a inscrição em programas de formação de professores, estão, paradoxalmente, a probabilidade de emprego e a consideração do magistério como uma carreira com condições de trabalho relativamente "pouco desafiadoras" aos olhos dos candidatos (Göçer Şahin; Gelbal, 2012). Por fim, uma análise dos resultados da pesquisa da Organização para a Cooperação e Desenvolvimento Econômico (OCDE) também mostrou que os estudantes que expressaram uma preferência pela profissão docente tiveram notas mais baixas em leitura e matemática do que aqueles que queriam trabalhar em outras áreas profissionais (Eğitimpedia, 2016).

Em resumo, a profissão docente e a identidade do professor na Turquia encaram desafios relacionados principalmente a um alto número de graduados, programas alternativos de certificação de professores, segurança no emprego e status social do magistério. Para enfrentar esses desafios, o Ministério da Educação (MoNE) turco recentemente reconheceu a natureza sistêmica dos desafios da seguinte maneira:

> Levando-se em conta os desafios da profissão docente, é fato que tais problemas não podem ser tratados com políticas transitórias e desconexas. Para resolvê-los, todas as fases educacionais que começam com a formação de professores e duram até a aposentadoria deveriam ser tratadas como um todo, que compõe os principais subelementos interagentes. O "Documento Estratégico do Magistério" foi preparado de acordo com esse entendimento (Mone, 2017, p. 1).

Preparado por um número de pessoas com diferentes especializações, o documento estratégico do magistério teve como objetivo reformar os processos de formação de professores nos próximos anos, entre 2017 e 2023. De acordo com a citação seguinte, o documento estratégico reconhece o papel central dos professores nos processos educacionais:

> O Ministério da Educação toma iniciativas em muitos aspectos diferentes dos processos educacionais, a fim de

formar professores capazes de acompanhar as condições mutáveis em nosso país e no mundo. [...] No entanto, estudos internacionais mostraram que o fator mais crítico nos movimentos de reforma educacional é o professor. [...] Portanto, nosso ministério considera os professores como os atores mais importantes nos esforços para reformar os processos educacionais e atribui uma tremenda importância ao desenvolvimento profissional dos professores, de acordo com suas necessidades (MONE, 2017, p. 1).

O documento consiste em seis componentes principais: a formação inicial de professores, a seleção e a nomeação de professores, o programa de iniciação, o desenvolvimento da carreira e um sistema de recompensas, o status social da profissão docente e o desenvolvimento profissional contínuo. Composto por essas questões, o documento enfatiza três objetivos principais: selecionar e formar os melhores candidatos para a profissão, perpetuar o desenvolvimento pessoal e profissional, bem como revigorar o status social da profissão docente. Esses objetivos, no documento, de fato abordam os principais desafios enfrentados pela profissão docente na Turquia e, mais importante, o documento leva em conta as recentes discussões na literatura internacional, colocando uma ênfase nas necessidades emergentes para as capacidades de aprendizagem autônoma, em aprender a aprender, na resolução de problemas, no trabalho colaborativo, no pensamento crítico, na alfabetização digital e na comunicação eficaz.

Como está implícito na citação anterior, o documento também reconhece a necessidade de pensamento e ação sistêmicos. E propõe, por exemplo, que os candidatos a professores sejam selecionados considerando sua aptidão pessoal e acadêmica a fim de que o número de candidatos aos programas de formação de professores possa ser reduzido. Dessa maneira, diminui-se o número de graduados para garantir a segurança e a qualidade do trabalho. No entanto, o documento não aborda como, especificamente e sistemicamente, os principais objetivos seriam atingidos, apesar de suas preocupações sistêmicas e da cobertura exaustiva de objetivos específicos. Outro propósito não especificado aponta para a necessidade de os professores se envolverem em oportunidades ou projetos de formação internacional por meio, por exemplo, dos fundos e oportunidades proporcionados pela União

Europeia. Contudo, como demonstra a literatura que investiga as experiências internacionais dos professores, estar em um contexto internacional não é algo que se transforma automaticamente em benefícios (Smolcic; Katunich, 2017); de certo modo, tais oportunidades exigem uma competência intercultural (comunicativa) para uma aprendizagem ótima e completa (Byram, 2012). O documento não vai além da mera recomendação de experiências internacionais, confrontando, assim, outro desafio em termos de especificação dos objetivos e como eles seriam particularmente atingidos. Em certo sentido, o documento atualmente funciona como um esboço ou um roteiro para as próximas iniciativas políticas.

Um aspecto positivo do documento estratégico é que ele reconhece os desafios atuais da profissão docente na Turquia e os conecta a amplas questões educacionais, bem como se baseia na literatura internacional recente. Como o trecho apresentado no início deste capítulo destacou, o documento também ressalta a necessidade vital de ajudar os professores em seu desenvolvimento pessoal e profissional. Curiosamente, embora a questão do desenvolvimento profissional contínuo seja um aspecto *sine qua non* da profissão docente no mundo dinâmico de hoje, tais preocupações não são expressas em voz alta entre professores ou candidatos a professores. Profissionais iniciantes são mais comumente reconhecidos por suas lutas para se tornarem funcionários públicos, em vez da qualidade potencial e da contribuição de seus esforços para o sistema nacional de educação. A partir dessa perspectiva, o documento é avançado e tem uma visão bem-informada, mas pretende ambiciosamente resolver todos os principais problemas de uma só vez em um período de tempo relativamente curto – 2017 a 2023 – e sem especificações suficientes.

Uma análise do documento estratégico do magistério revelou vários pontos importantes em termos do ideal ou da "identidade do professor". Com base em nossa interpretação, o documento descreve o perfil do professor "desejado" na Turquia em 2024 como alguém que:

- Passou por um cuidadoso processo de seleção antes de sua formação inicial e provou sua aptidão para a profissão tanto antes quanto durante seu processo de formação docente.

- Recebeu uma preparação baseada nos recentes desenvolvimentos da formação docente e por meio de oportunidades de aprendizagem experiencial tanto nos ambientes das universidades quanto nas escolas públicas.
- Após a graduação, completou um processo de ingresso supervisionado por professores mentores com boa formação e experiência.
- Sempre abraçou as oportunidades de desenvolvimento profissional, a fim de acompanhar as dinâmicas de mudança do nosso mundo interconectado e moldado principalmente pela industrialização, pela globalização e pelas tecnologias de informação e comunicação.
- Foi avaliado periodicamente de acordo com os padrões estabelecidos e por seu desempenho geral.
- Sempre encontrou maneiras de manter e proteger sua identidade nacional e sua cultura neste mundo dinâmico e interconectado.
- Espera recompensas em troca de seus esforços profissionais e avaliações de desempenho contínuos.
- É respeitado pela maioria dos membros da sociedade.

No entanto, em uma parte do documento, o Ministério da Educação (MoNE) turco mantem a ideia de programas alternativos de certificação de professores a fim de preencher cargos docentes em algumas regiões desfavorecidas, que não são geralmente preferidas por professores e candidatos a professores. A fim de exemplificar algumas das complexidades relacionadas à profissão docente na Turquia, a próxima seção destaca brevemente as considerações relacionadas a programas alternativos de certificação de professores na Turquia.

## Programas alternativos de certificação de professores

A história das políticas de formação de professores na Turquia nas últimas décadas é caracterizada por mudanças frequentes que são muitas vezes contraditórias. Uma das áreas mais contestadas nesse aspecto tem sido o lócus da certificação docente. Em meados dos anos 2000, um relatório do Conselho de Ensino Superior reconheceu que o aumento do número de faculdades de educação geraria picos no número de professores de várias áreas para as quais não há uma necessidade projetada. Houve também uma crescente preocupação com a qualidade acadêmica das novas faculdades de educação, considerando limitações em recursos humanos – corpo docente com experiência relevante em cada área específica – e nas instalações. Apesar dessa menção cautelosa, com a fundação de novas universidades, também foram estabelecidas novas faculdades de educação, cujo número atingiu mais de 70 (SAYLAN, 2013).

Ao mesmo tempo, o número de faculdades de artes e ciências alcançou mais de 100. Encarando as oportunidades de emprego limitadas em alguns cursos, os graduados das faculdades de artes e ciências veem o magistério como um campo ao qual eles também têm direito de acesso. Em parte por causa das pressões públicas, o Conselho de Ensino Superior criou programas alternativos de certificação de professores de curta duração. Decisões do Conselho permitiram que as faculdades de artes e ciências organizassem seus próprios programas de certificação de professores. Por meio dessas decisões, os alunos egressos de cursos relacionados ao campo da docência foram capazes de ter aulas à noite, on-line ou durante o verão como parte desse esquema alternativo de certificação de ensino. No entanto, cada vez mais são levantadas preocupações pelos educadores em relação à qualidade de tais programas. Muitos professores são críticos de tais iniciativas uma vez que as faculdades de educação e os programas de preparação docente de quatro anos oferecidos nessas instituições são considerados os principais caminhos para se tornar um professor na Turquia (SAYLAN, 2013). Uma lacuna específica destacada é a qualidade do ensino nesses programas de certificação (TEDMEM, 2014).

O corpo docente que leciona nos programas alternativos de certificação faz esse trabalho juntamente com suas cargas regulares de ensino em outras instituições. É comum para o acadêmico lecionar por vários dias seguidos em vários turnos e durante os fins de semana. Fisicamente exaustos, os acadêmicos que dão aulas nos cursos dos programas alternativos de certificação também criticam as atitudes dos participantes do curso, que muitas vezes têm baixos níveis de motivação. Uma das áreas de maior desafio nos ambientes instrucionais vistos nesses programas alternativos de certificação é facilitar a aprendizagem significativa (NOVAK, 1990). A rigidez na transmissão do conhecimento e a pressa em completar os componentes curriculares prescritos dentro de períodos limitados levam a um distanciamento psicocognitivo do assunto tanto para os alunos quanto para os professores. O resultado pode ser caracterizado como aprendizado superficial (HAY, 2007). Nessas salas de aula inspiradas na eficiência industrial, os professores e os alunos preocupam-se com a abrangência de componentes curriculares e com testes padronizados para verificar se determinados resultados foram alcançados. As pontuações dos testes se tornam a única medida do sucesso de ambos, do professor e do aluno.

Por meio de um comunicado à imprensa (TURQUIA, 2015), o Conselho de Ensino Superior da Turquia reconheceu algumas das preocupações associadas aos programas alternativos de certificação de professores. Nessa declaração e no documento do Ministério da Educação (MoNE) de 2017, fomos informados de que as necessidades de análise das projeções para as necessidades de professores em diferentes áreas de estudo agora estão sendo consideradas e uma decisão inicial foi tomada para reduzir o número de alunos admitidos em faculdades de educação. Além disso, de acordo com o documento, o que agora está sendo seriamente considerado para a certificação de graduados em faculdades que não são de educação é o programa de pós-graduação em faculdades de educação (TURQUIA, 2015). Em suma, no contexto turco, até agora a tentativa não foi privatizar os programas de formação de professores, mas sim abordar a escassez de professores via programas alternativos de certificação docente de curto prazo que são adotados por alunos de graduação de diferentes disciplinas não educacionais preocupados com seu futuro emprego. No entanto, os discursos sobre mecanismos de responsabilização (ou prestação de contas) e avaliação de desempenho estão em ascensão.

## O caso de um professor iniciante

Aqui, apresentamos um exemplo que destaca as experiências de uma professora iniciante com foco na construção da identidade docente quando ela iniciou a carreira de magistério em uma escola particular, depois se demitindo e decidindo trabalhar no sistema público de ensino. Ao fazer essa transição, ela se viu entre o primeiro grupo de professores iniciantes obrigados a participar do novo programa de iniciação, lançado pelo Ministério da Educação (MoNE) da Turquia, em fevereiro de 2016. Seu caso também ilustra alguns dos padrões observáveis no sistema de escolas primárias e públicas.

## Leyla[3]

Leyla é uma professora de língua inglesa de 23 anos e graduou-se em um programa de formação docente de quatro anos em uma faculdade de educação de uma grande universidade, em junho de 2015. Como professora iniciante, ela aceitou um cargo para dar aula em uma escola particular de ensino médio localizada em uma pequena cidade no centro da Turquia. Pouco antes da graduação, em uma declaração sobre sua filosofia de ensino, Leyla refletiu sobre seu futuro trabalho como professora. Ela disse:

> O que farei se eu trabalhar em uma escola com condições ruins, por exemplo, em uma escola de aldeia? Talvez haja alunos que nunca ouviram uma palavra em inglês na escola ou que tenham outras prioridades antes de aprender inglês... como roupas ou ter um prédio escolar seguro [...] Acho que tenho que estar pronta para tudo isso.

Na época, como futura professora, ela demonstrou uma consciência dos possíveis desafios que poderia encontrar em diferentes contextos de ensino.

Embora a escola particular na qual ela começou a dar aulas não apresentasse quaisquer deficiências relacionadas às instalações, Leyla se viu lidando com dificuldades que ela não previra. A maioria dessas dificuldades estava relacionada a atitudes em relação aos professores e às condições de trabalho. Inesperadamente, ela se viu trabalhando até 50 horas por semana. Ela ficou particularmente desiludida porque achava que a escola particular não investia em seu desenvolvimento profissional como professora iniciante. Em vez disso, para Leyla, estar sobrecarregada e até mesmo solicitada a permanecer horas adicionais na escola à noite ou nos fins de semana levou a situações em que ela nem sequer tinha nenhum tempo adicional para si mesma além do tempo de sono. Ela disse:

---

[3] Pseudônimo usado para proteger a confidencialidade da identidade dessa professora.

> Mas e nossas vidas privadas? Nossos interesses em nosso desenvolvimento profissional e que tal nossos esforços para ensinar e se tornar um bom professor? Esses tipos de coisas foram ignorados desde o princípio e durante todo o semestre. Nesse sistema nós éramos como robôs. Chegávamos ao trabalho e terminávamos nossas sessões. Quando chegava a hora, íamos para casa, comíamos e então dormíamos cedo por causa do trabalho pesado e do estresse. Nossas vidas eram assim, infelizmente. Eles até mesmo dificultavam se você tivesse que consultar um médico. Exigiam que você fosse a um hospital particular.

Além da pesada carga de trabalho e das expectativas adicionais dos professores, Leyla se sentia desvalorizada. Vendo claramente que a principal prioridade para a escola particular era o lucro e a manutenção de seus "clientes", Leyla questionou sua identidade como professora. Apesar de seu contrato anual, no final de seu primeiro semestre na escola particular, sofrendo por desgaste e desilusão, Leyla se demitiu e deixou a escola particular. Antes do início do segundo semestre, ela se candidatou para se tornar professora de escola pública e foi aceita.

Como professora iniciante de escolas públicas supervisionadas pelo Ministério da Educação (MoNE), ela descobriu que estaria participando de um programa de indução. Sendo-lhe oferecida uma oportunidade de desenvolvimento profissional, Leyla expressou como ela agora tinha mais esperança para se desenvolver como professora. O breve relato do caso de Leyla representa o que é vivenciado por muitos professores iniciantes que vivenciam a desvalorização e que repensam suas identidades como professores em escolas particulares.

## Conclusão: desenvolvimentos recentes

Além de os desafios sistêmicos existentes na formação de professores, na seleção e no desenvolvimento profissional, as crises sociopolíticas que têm aumentado nos países que fazem fronteira com o sul da Turquia – por exemplo, a Síria – geraram várias preocupações e tiveram um impacto no trabalho diário dos professores, especialmente nas cidades do sudeste, perto da fronteira. A Turquia acomoda milhões de refugiados que migraram devido aos confrontos em seu país. Escolas especiais foram criadas em campos de refugiados na região da fronteira. Mas, mesmo para professores de todo o país, ter mais imigrantes e tal diversidade nas salas de aula é um fenômeno relativamente novo.

Em meio a situações tão complexas, como esses professores negociam suas identidades como educadores? Há a necessidade de estudos mais abrangentes para entendermos o que esses professores sofrem e como suas identidades evoluem por meio dessas experiências (ZEICHNER, 2005). Com os regulamentos em 2015 e 2017, antes de receber a estabilidade de emprego como professor em escolas públicas, os professores são avaliados pelo administrador escola, pelo professor mentor e pelo superintendente de ensino três vezes por ano. A duração desse programa de indução para esse primeiro julgamento é de 24 semanas. Os candidatos não apenas observam e participam de atividades em sala de aula, mas também fazem parte de atividades fora da escola, como seminários, assistir a filmes, explorar a cidade e refletir sobre livros. Os candidatos que aprovados começam a dar suas próprias aulas no início do ano letivo. Os professores que concluem com sucesso as avaliações tornam-se professores efetivos nas escolas públicas. Essa iniciativa é um importante avanço. Além disso, ela reconhece os desafios associados ao primeiro ano de ensino e fornece uma transição de um modelo de desenvolvimento de conhecimento baseado na comunidade para o que pode ser considerado como um modelo construtivista reflexivo.

## Agradecimentos

Agradecemos à professora iniciante que concordou em compartilhar sua experiência. Agradecemos também a Hatice Yağcı, Hakan Tarhan, Ö. Faruk İpek e H. İbrahim Çınarbaş por suas contribuições na revisão de novos itens.

## Referências

ALTINDAĞ, M. *Öğretmenlerin en önemli sorunu, itibar kaybı ve düşük maaşlar* [O maior problema dos professores, perda de reputação e baixa renda]. *Meb Gretmen*, Istambul, 21 dez. 2014. Disponível em: <http://www.mebogretmen. net/ogretmenlerin-en-onemli-sorunu-itibar-kaybi-ve-dusuk-maaslar-10314h. htm>. Acesso em: 12 nov. 2018.

AGÊNCIA ANADOLU. *Türk eğitim-sen'den ücretli öğretmen araştırması* [Uma pesquisa sobre professores substitutos pela união turca de educação]. Ancara, 11 fev. 2016. Disponível em: <http://www.hurriyet.com.tr/turk-egitim-sende <n-ucretli-ogretmen-arastirmasi-40053005>. Acesso em: 12 nov. 2016.

BYRAM, M. Conceptualizing intercultural (communicative) competence and intercultural citizenship. In: JACKSON, J. (Ed.). *The Routledge handbook of language and intercultural communication*. Nova York: Routledge, 2012. p. 85-98.

DOĞANAY, A. *et al.* Hizmet öncesi öğretmen eğitiminde model arayışı: Diploma mı sertifika mı? [Buscando um modelo na formação inicial de professores: um diploma ou um certificado?]. *International Journal of Curriculum and Instructional Studies*, San Diego, v. 5, n. 9, set. 2014.

DUMAN, T. Türkiye'de orta öğretime öğretmen yetiştirme [Criando professores para o ensino secundário na Turquia]. In: TUNCOR, F. R. (Ed.). *Milli Eğitim Bakanlığı Yayınları*. Ancara: Milli Eğitim Basımevi, 1991.

DUMAN, T.; AYSEL, i.; YAKAR, A. Öğretmen adaylarının mevcut öğretmen yetiştirme sistemine ilişkin algı ve görüşleri [As percepções e pontos de vista dos candidatos a professores em relação ao atual sistema de formação de professores]. In: ULUSAL EĞITIM BILIMLERI KONGRESI, 21., Istambul. *Anais...* Istambul: [s.n.], 2012.

EĞITIMPEDIA. *Öğretmen olmak isteyen gençlerin en fazla olduğu ülke türkiye* [Turquia: o país que tem a maior população jovem que quer se tornar professora]. Istambul, 20 fev. 2016. Disponível em: <http://www.egitimpedia.com/ogretmen-olmak-isteyen-genclerin-en-fazla-oldugu-ulke-turkiye/>. Acesso em: 12 nov. 2018.

GÖÇER ŞAHIN, S.; GELBAL, S. Öğretmen adaylarının öğretmenlik mesleğini seçme nedenlerinin ikili karşılaştırmalar yöntemiyle incelenmesi [Usando um método de comparação para analisar as razões para se tornar um professor]. In: NATIONAL EDUCATIONAL SCIENCES CONGRESS, 21., Istambul. *Anais...* Istambul: [s.n.], 2012.

HAY, D. B. Using concept maps to measure deep, surface and non-learning outcomes. *Studies in Higher Education*, Londres, v. 32, n. 1, p. 39-57, 2007.

KAVCAR, C. Cumhuriyet döneminde dal öğretmeni yetiştirme [Criando professores de matérias durante o período da República]. *Ankara Üniversitesi Eğitim Bilimleri Fakültesi Dergisi*, Ancara, v. 35, n. 1-2, p. 1-14, 2012.

MINISTÉRIO DA EDUCAÇÃO NACIONAL (MONE). Öğretmen strateji belgesi 2017-2023 [Documento de Estratégia para Professores 2017-2023]. Ancara, 2017. Disponível em: <http://oygm.meb.gov.tr/meb_iys_dosyalar/2017_06/09140719_Strateji_Belgesi_Resmi_Gazete_sonrasY_ilan.pdf>. Acesso em: 12 nov. 2018.

NOVAK, J. Concept Maps and Vee Diagrams: Two Metacognitive Tools to Facilitate Meaningful Learning. *Instructional Science*, Suíça, v. 19, n. 1, p. 29-52, 1990.

ORGANIZAÇÃO PARA A COOPERAÇÃO E DESENVOLVIMENTO ECONÔMICO (OECD). Who wants to become a teacher? *PISA in Focus*, Paris, n. 58, dez. 2015. Disponível em: <http://dx.doi.org/10.1787/5jrp3qdk-2fzp-en>. Acesso em: 12 nov. 2018.

SARIKAYA, E. Eğitimin 'ücretli köleleri [Escravos pagos da educação]. *Radikal Daily Newspaper*, Istambul, 25 fev. 2016. Disponível em: <http://www.radikal.com.tr/turkiye/egitimin-ucretli-koleleri-1517079>. Acesso em: 12 nov. 2018.

SAYLAN, N. Constantly changing teacher training system. *International Journal of Curriculum and Instructional Studies*, San Diego, v. 3, n. 6, p. 9-20, 2013.

SMOLCIC, E.; KATUNICH, J. Teachers Crossing Borders: A Review of the Research Into Cultural Immersion Field Experience for Teachers. *Teaching and Teacher Education*, Standford, CA, v. 62, p. 47-59, jan. 2017.

TANER, G.; KARAMAN, A. C. A metasynthesis of research on foreign language teacher identity in turkey: Implications for teacher education. *International Journal of Curriculum and Instructional Studies*, San Diego, v. 3, n. 6, p. 63-76, jan. 2013

TEDMEM. *Lisans öğrencilerine formasyon hakkı tanınması* [Certificação de ensino para alunos de graduação]. Ancara, 2 abr. 2014. Disponível em: <http://www.tedmem.org/mem-notlari/lisans-ogrencilerine-formasyon-hakki-taninmasi>. Acesso em: 12 nov. 2018.

TURQUIA. Conselho de Educação Superior. *Öğretmen yetiştirme ve eğitim fakülteleri (1982-2007)* [Formação de professores e faculdades de educação (1982-2007)]. Ancara, 2007.

TURQUIA. Conselho de Educação Superior. *Pedagojik formasyon eğitimi sertifika programlari hakkinda açıklama* [Informações divulgadas para programas alternativos de certificação de professores]. Ancara, 2015. Disponível em: <http://yok.gov.tr/documents/10279/19836547/Pedagojik_Formasyon_Egitimi_Sertifika_Programlari_Hakkinda_Aciklama.pdf/da9f43b7-dc3e-430c-9635-4153a-d6e9de0?version=1.0>. Acesso em: 12 nov. 2018.

ZEICHNER, K. M. A Research Agenda for Teacher Education. In: COCHRAN-SMITH, M.; ZEICHNER, K. M. (Eds.). *Studying Teacher Education: The Report of the AERA Panel on Research on Teacher Education*. Nova Jersey: Lawrence Erlbaum, 2005. p. 737-759.

CAPÍTULO 5
# Ascensão e queda do setor privado na formação de professores em Portugal[1]

*Manuel António Silva*
*Maria Alfredo Moreira*

## Introdução

A compreensão dos fenômenos relacionados com o processo de globalização mundial nos diferentes domínios que quisermos considerar (político, econômico, financeiro, social e cultural, entre outros) e sua recontextualização no plano local (nacional, neste caso, Portugal) só pode ter algum sucesso se tiver relacionado à história (recente) do país, sobretudo a dois grandes capítulos: o primeiro, que corresponde a quase cinco décadas de uma feroz ditadura (que caracterizamos como fascista dada sua natureza e as relações que estabelecia com outras ditaduras fascistas então existentes, sobretudo, a espanhola, a italiana e o nazismo alemão, sobretudo no domínio ideológico, político e até cultural),[2] e um segundo, que se iniciou em 1974, com a Revolução de Abril, determinado

---

[1] Este trabalho é financiado pelo Centro de Investigação em Educação (CIEd), projetos UID/CED/1661/2013 e UID/CED/1661/2016, Instituto de Educação, Universidade do Minho, através de fundos nacionais da FCT/MCTES-PT.

[2] Apesar de reconhecermos que este posicionamento em face à caracterização da ditadura portuguesa (1926-1974) não é consensual entre os historiadores portugueses – e de conhecermos os argumentos usados por parte dos que não concordam com o epíteto de "fascista", historiadores normalmente situados no espectro político mais conservador –, somos de opinião que as ditaduras não se medem pelo grau de intensidade dos mecanismos de repressão e de supressão das liberdades, mas pelo fato de existirem. No caso da ditadura portuguesa até os rituais nazis foram incorporados

por um período de edificação e consolidação de um Estado democrático muito particular (que Boaventura de Sousa Santos, em 1996, denomina como "Estado heterogêneo"), capítulo este que continua em processo de aprofundamento e que constituirá o centro de nossa análise.

O retorno da hegemonia da ideologia do "livre mercado que se autorregula", cerca de um século depois de sua "invenção", em 1870, e das nefastas consequências que produziu (e continua a produzir) em todo o mundo, mas de um modo particular na Europa – palco privilegiado de duas Grandes Guerras,[3] reatualizada semanticamente como "neoliberalismo" (ou "ideologia neoliberal" que, como Chomsky, em 2000, escreveu, tem vindo a orientar o que designa por "nova ordem mundial") ou por "Consenso de Washington" e seu reflexo na estruturação e funcionamento do sistema educativo português ao longo das últimas quatro décadas, será o objeto central deste texto. Assim, tomando como referência as características essenciais da ideologia neoliberal (sobretudo os conceitos de Estado mínimo, privatização, mercadorização, livre iniciativa e *public choice*), tentaremos identificar e explicitar seu grau de influência na estruturação, funcionamento e evolução do sistema de educação superior em Portugal, dando particular relevância ao que podemos designar como subsistema da formação inicial de professores.

## A ideologia neoliberal (ou neoliberalismo),[4] o "Consenso de Washington" e as políticas públicas de educação em Portugal

Apesar de, para muitos, "neoliberalismo" e "Consenso de Washington" constituírem expressões sinônimas, a leitura dos

---

nos processos de socialização escolar, através do movimento denominado como "Mocidade Portuguesa" (para referirmos o mais relevante).

[3] A esse propósito, ver os trabalhos de autores como Eric Hobsbawm (1996), Karl Polanyi (2000) e John Gray (1998), sobretudo as seguintes obras: *A era dos extremos*, *A grande transformação* e *Falso amanhecer*, e *Os equívocos do capitalismo global*, respetivamente.

[4] Não é este o espaço adequado para dissertarmos sobre essa ideologia e, simultaneamente, o movimento que tem vindo a "colonizar" o mundo desde a década de 1970 do século XX. Existem várias obras de referência que permitem compreender de um modo adequado essa ideologia/movimento político-econômico e financeiro e seus significados para o mundo, para além das referidas na nota anterior (cf. Chomsky [2000]

documentos oficiais que marcaram o referido consenso (até atendendo à data em que foi celebrado, 1989) facilmente nos leva a concluir que se trata de coisas diferentes. A generalização de algumas das políticas preconizadas (dirigidas inicialmente a grande parte dos países da América Latina e motivadas pelos elevados índices de dívida, pública e privada, que se neles se verificava, o que conduziu à manutenção e ao agravamento por longos períodos de uma situação de déficit orçamental crônico), a partir da década de 1990, a todos os países do mundo em situação de crise econômica e financeira e que apelassem à intervenção do Fundo Monetário Internacional (FMI), sem qualquer tipo de critério que não fosse o ideológico, gerou a referida identificação entre os dois fenômenos.

A ideologia do livre mercado, fundamentada na famosa teoria e tese smithiana da "mão invisível", que atingiu uma grande expressão nas políticas de alguns Estados centrais na Europa e nos EUA nas últimas décadas do século XIX, foi abandonada (pensavam muitos de nós que para sempre) após as experiências da Grande Depressão no final dos anos 1920 nos EUA e de duas Grandes Guerras Mundiais, culminando com os acordos de Bretton Woods, em 1944, que determinaram a criação do FMI e do Banco Mundial, instituições públicas orientadas para a ajuda ao desenvolvimento dos países mais débeis e o fim da pobreza.

---

e David Harvey [1993; 2005], para referirmos as que consideramos como mais relevantes). Apesar de ter sido representada em muitos dos discursos mais críticos como uma ideologia homogênea, tal só pode ser entendido desse modo por uma questão de comodidade discursiva, pois no quadro da breve história do neoliberalismo podemos encontrar posicionamentos políticos bastante diversificados. Veja-se, a esse propósito, um texto de Nancy Fraser (2017), que nos fala de um "neoliberalismo progressista" e da necessidade de construirmos o que designa por "projeto neoliberal para uma esquerda rejuvenescida". Apple (2002) trazia para o centro do debate sociológico o papel do que chama de "nova aliança conservadora" (aliança entre forças políticas, financeiras e religiosas extremamente heterogêneas e que ninguém poderia sequer supor que pudessem "aliar-se" em torno de um programa de "assalto à democracia e ao bem-estar". Chomsky (2000, p. 35), chama a nossa atenção para o que denomina como "variantes da doutrina neoliberal", afirmando o seguinte: " a doutrina do livre mercado apresenta-se sob duas vertentes. A primeira é a doutrina oficial imposta aos que a ela não se podem opor. A segunda é aquilo que poderemos chamar de "a doutrina do verdadeiro livre mercado em concreto": a disciplina do mercado é boa para você, mas não para mim, exceto se temporariamente me proporcionar alguma vantagem.

Esses acordos tiveram seu fim no início dos anos 1970, quando os EUA, muito influenciados pelas teorias monetaristas de Milton Friedman, a chamada Escola de Chicago, e pelo ressurgimento das teorias do livre mercado preconizadas por Friedrich Hayek (Prêmio Nobel de Ciências Econômicas em 1974), decidiram unilateralmente romper com as políticas de inspiração keynesiana que caracterizavam as práticas daquelas organizações. Assim, pensamos poder afirmar que aquilo a que hoje designamos por "neoliberalismo" começou a emergir nos anos 1970 em alguns países de expressão anglo-saxônica, sobretudo os EUA, Reino Unido e Nova Zelândia. Os principais nomes dessas políticas foram Richard Nixon e Ronald Reagan, nos EUA, e Margareth Thatcher, no Reino Unido, tendo esta introduzido a célebre expressão *There is no Alternative* [Não há alternativa] (TINA) às referidas políticas.

O chamado "Consenso de Washington" (1989) começou como um estudo acadêmico conduzido por John Williamson,[5] economista inglês e diretor do Institute for International Economics, que assumiu o estudo *Latin American Adjustment: How Much has Happened?* Nessa análise foram elencadas várias medidas de política econômica e fiscal para a aplicação em alguns países da América Latina, entre as quais podemos salientar as seguintes: austeridade orçamental, privatizações e liberalização dos mercados. De acordo com Stiglitz (2002, p. 95), aquelas três dimensões constituíram os pilares da ação do FMI a partir da década de 1990 até a atualidade, tendo passado a constituir a receita para todos os países em situação de dificuldade econômica e financeira.

Portugal, desde 1974 até hoje, já foi vítima dessas políticas de ajustamento em três momentos distintos (1978, 1983 e 2011). Com efeito, Portugal deveria ser hoje um país onde os efeitos do neoliberalismo mais se fizessem sentir em todos os domínios. No campo da educação, pudemos assistir ao longo das últimas quatro décadas a desenvolvimentos que podemos considerar como pro-

---

[5] Não deixa de ser interessante referir que este acadêmico tenha vindo, anos mais tarde (cf. WILLIAMSON, 2002), a criticar o modo como foram apropriadas suas propostas por parte dos responsáveis pelas políticas de ajustamento estrutural impostas pelo FMI aos países em dificuldade.

fundamente contraditórios e ambíguos. Ao mesmo tempo que o país era sujeito às políticas de ajustamento do FMI em diferentes momentos históricos, assistia-se à emergência do que podemos designar por Estado-providência,[6] movimento gerado, sobretudo, pela revolução democrática ocorrida em 1974 que levou à expansão, em simultâneo, dos sistemas de segurança social, da saúde e da educação. Em síntese, estamos de acordo com Afonso (2002, p. 22) quando este afirma: "são muitos os indicadores que podem ser convocados para fundamentar a conclusão de que, no período de 1985 a 1995 [e que, em nossa opinião, poderíamos alargar até à época em que vivemos] tivemos em Portugal uma reforma educativa em relativo contraciclo no que diz respeito ao neoliberalismo emergente no contexto internacional". E esse autor vai mais longe na caracterização das políticas educativas em Portugal, pelo menos na época referida e que, repetimos, ainda se mantém fundamental na atualidade: "[...] as políticas que se desenvolveram entre nós indicam muito mais a existência do que tenho chamado de 'neoliberalismo educacional mitigado' do que a assunção inequívoca de algumas das opções mais características, ou de algumas das dimensões mais expressivas, que configuravam, em outros países, as políticas educativas inspiradas no conservadorismo neoliberal e promovidas pelas coligações híbridas da chamada 'nova direita'"(AFONSO, 2002, p. 22).[7]

Podemos, assim, concluir (ainda com a ajuda desse autor) que, em Portugal e no campo da educação, para além de um neoliberalismo educacional mitigado, se há uma conexão das políticas e dos discursos oficiais à ideologia neoliberal, esta é tardia e frágil, embora no domínio da educação superior adquira maior visibilidade.

---

[6] Afonso (1997a, 1997b, 2000) utiliza a expressão "semi-Estado-providência" para caracterizar as políticas educativas dirigidas para a educação não superior, profundamente marcadas por um grande investimento na educação em geral e no sucesso educativo em particular.

[7] A este respeito, ver o que anteriormente referimos com base nos trabalhos de Chomsky (2000), de Harvey (1993; 2005) e, sobretudo, Apple (2002), quando nos fala e descreve o que designa por "nova aliança conservadora" e seu papel para o processo de financeirização do mundo em geral e da educação em particular.

# Tendências de evolução da educação superior em Portugal: de um sistema de educação superior extremamente seletivo a um sistema formalmente democrático

A análise das tendências de evolução da educação superior em Portugal revela-nos a passagem de um sistema de educação superior extremamente seletivo (apesar de esmagadoramente público) a um sistema formalmente democrático (no acesso e funcionamento), mas crescentemente "colonizado" por práticas concorrenciais típicas de uma "sociedade de mercado". O sistema de educação superior em Portugal até o final da década de 1970 era constituído quase exclusivamente por universidades, fundamentalmente três (Coimbra, Lisboa e Porto), tendo sido criadas nessa década as chamadas universidades novas (Évora, Aveiro e Minho). Para além dessas universidades, existiam alguns institutos de ensino superior e escolas de ensino médio, entre os quais se encontravam as escolas de magistério primário e, no primeiro caso, os institutos comerciais e industriais, que acolhiam os alunos provenientes das chamadas "escolas de ensino técnico", resultantes da reforma do ensino técnico ocorrida em 1947. Esses institutos viriam a servir de base ao que se passou a determinar como "ensino superior politécnico", instituído em 1979, inicialmente com a designação de "ensino superior curto" (1977). Apesar de toda essa efervescência legislativa, só ao longo da década de 1980 é que os diversos institutos politécnicos viriam a ser efetivamente criados e outros desenvolvidos. Isso deveu-se à integração no seu seio de um amplo conjunto de instituições que lhes permitiram adquirir a massa crítica necessária para se afirmarem no contexto da educação superior, sobretudo os chamados institutos superiores de engenharia e de contabilidade e administração (em alguns casos), as escolas superiores agrárias (em outros) e as escolas superiores de educação (que resultaram das antigas escolas do magistério primário). Estas últimas permitiram a emergência desse tipo de ensino em quase[8] todos os distritos do

---

[8] Excetuando os Açores e a Madeira e os distritos em que foram criadas as chamadas "universidades novas" (Aveiro, Évora e Minho), podemos encontrar o ensino superior politécnico e, dentro dele, as Escolas Superiores de Educação (ESE).

país, fato que tem particular relevância para o campo da educação em geral e para o da formação de educadores de infância e professores do primeiro ciclo do ensino básico (como veremos mais adiante).

O que afirmamos até aqui, que abrange o ocorrido ao longo de uma década e meia (integrando aqui o trabalho legislativo realizado nos últimos anos do Estado Novo e que culminou com a publicação, em 1973, da Lei de Bases do Sistema Educativo, que já previa a criação das duas atuais vias de ensino superior, efetivamente consagradas em 1986 por uma nova Lei de Bases ainda em vigor), permite constatar o seguinte:

- A educação superior em Portugal foi, ao longo de toda sua história, apesar de ser quase exclusivamente pública, bastante seletiva desde o acesso, sendo incomportável e, portanto, inacessível, para a esmagadora maioria da população; só muito recentemente é que foi objeto, em simultâneo, de um esforço de massificação, democratização e de liberalização, primeiro no acesso e, posteriormente, ainda que de um modo progressivo, no sucesso de todos quantos a ela têm vindo a aceder; portanto, ao contrário do que afirmam alguns autores, a educação superior em geral e a universidade, em particular, apesar de sua natureza pública, sempre possuiu um caráter seletivo, orientado para a formação de algumas elites.
- A estruturação da educação superior tem sido realizada em duas grandes vias: *a educação universitária* e *a educação politécnica*. A primeira estaria vocacionada para estudos mais longos e estruturados em torno da investigação e consequente produção de conhecimento, enquanto a segunda muito mais curta e centrada em dimensões mais técnicas e profissionalizantes. Essa divisão (que seria igualmente extensiva ao subsetor privado) é muito tributária da evolução do ensino universitário desde o início do século XX e do próprio ensino secundário, que também se estruturou em torno de duas vias: uma mais geral, orientada para o prosseguimento de estudos superiores, e outra mais técnica, estruturada em torno das escolas técnicas (comerciais e industriais). Estas, após a conclusão dos três anos que constituíam seu ciclo de estudos, só permitiam o prosseguimento de estudos nos então institutos comerciais e industriais e também nos liceus, após a frequência de uma seção dita preparatória – curiosamente designada por

seção preparatória para os institutos (SPI) que, tendo sido inicialmente criados ainda no século XIX e, depois de terem atingido um estatuto de ensino superior na virada do século, chegaram até aos anos 1970 como instituições de ensino médio. A esses institutos teremos de acrescentar as escolas do magistério primário que, em meados da década de 1980, viriam a ser transformadas em escolas superiores de educação.

- Vejamos, em seguida, alguns dados que nos permitem observar o modo como a educação superior (pública e privada) tem evoluído, tomando como referência o número de professores e de alunos matriculados, assim como o número atual de cursos existentes no domínio da educação.

### Evolução do número de docentes no ensino superior

A simples leitura do Quadro 1 permite constatar que, em trinta anos, a educação superior em Portugal é de natureza essencialmente pública, sendo que, em 1961, cerca de 70% dos docentes exerciam neste nível de ensino (quando a educação superior possuía uma baixa expressão no país e se começava a lançar as bases para que toda a população portuguesa tivesse acesso à escolaridade obrigatória de quatro anos), subindo para 82% uma década depois (ainda num contexto de ditadura) e para 95% em 1981 (sete anos após a revolução democrática que profundas alterações haveria de trazer para todos os domínios que quisermos considerar, particularmente para o da educação, que evidenciava de uma forma clara os níveis de atraso do país, atingindo o analfabetismo mais de um terço da população).

### Quadro 1: Evolução do número de docentes no ensino superior (1961 a 1991)

| Ano | Público | % | Privado | % | Total |
|---|---|---|---|---|---|
| 1961 | 1.113 | 71% | 454 | 29% | 1.567 |
| 1971 | 2.259 | 82,86% | 467 | 17,13% | 2.726 |
| 1981 | 8.658 | 95,17% | 439 | 4,82% | 9.907 |
| 1991 | 14.123 | 84,91% | 2509 | 15,08% | 16.632 |

Fonte: Base de Dados de Portugal Contemporâneo (PORDATA) e Direção-Geral de Estatísticas de Educação e Ciência (DGEEC), Ministério da Ciência, Tecnologia e Ensino Superior (MCTES).

Em 1991, decorrida mais uma década, o que podemos deduzir dos dados disponíveis? Em primeiro lugar, um crescimento nunca antes ocorrido do ensino superior em Portugal: o número de docentes do setor público cresceu quase o dobro e os do privado 5,71 vezes. No entanto, a educação superior pública continuava a ser claramente hegemônica, com cerca de 85% de docentes, o segundo número mais elevado em trinta anos.

Os dados estatísticos disponíveis[9] para o período de 1992 a 2000 só nos apresentam totais de docentes sem especificar sua localização setorial; de 1986 a 1991 seria interessante distinguir os docentes universitários dos politécnicos, não se percebendo também a razão pela qual nos são apresentados totais por setor (público e privado) mas não globais;[10] em 1992 não são apresentados dados, e de 1993 a 1998 apenas nos são fornecidos totais globais, sem distinguir os setores nos quais os docentes exercem sua profissão; em 1999 e 2000 também não existem dados. Os totais que nos surgem em 1993, caso reais, correspondem a um retrocesso em relação aos totais de 1991 – curiosamente um ano de censos –, voltando aos números de 1988.

A década de 1990 parecia-nos, a priori, como a que conduziria à efetiva expansão da educação superior em Portugal. Os débeis dados que nos são apresentados não confirmam essa expectativa, transferindo para os anos 2000 essa realidade. Os últimos totais a que tivemos acesso na década de 1990 dizem-nos que, em 1998, o número total de docentes no ensino superior (público e privado) seria de 17.778. Ora, os dados que nos surgem a partir daqui dizem respeito a 2001, insinuando que, em um espaço de três a quatro anos (de 1998 a 2001), o número de docentes subiu de um modo nunca antes atingido: de 17.778 em 1998 passamos para um total de 35.740 (sendo 24.296 do público e 11.444 do privado) em 2001, como se pode observar no Quadro 2.

---

[9] Construídos por : Base de Dados de Portugal Contemporâneo (PORDATA) e Direção-Geral de Estatísticas de Educação e Ciência (DGEEC), Ministério da Ciência, Tecnologia e Ensino Superior (MCTES).

[10] Tomamos a decisão de fazer a referida soma por uma questão analítica, ainda que possamos incorrer em qualquer erro estatístico.

## Quadro 2: Evolução do número de docentes no ensino superior (2001 a 2015)

| Ano | Universitário Público | Politécnico Público | Total Público | % | Privado | % | Totais |
|---|---|---|---|---|---|---|---|
| 2001 | 14.455 | 9.841 | 24.296 | 68 | 11.444 | 32 | 35.740 |
| 2002 | 14.521 | 10.049 | 24.570 | 67,88 | 11.621 | **32,11** | 36.191 |
| 2003 | 14.590 | 10.204 | 24.794 | 68,11 | 11.608 | 31,88 | 36.402 |
| 2004 | 14.858 | 10.510 | 25.368 | 68,98 | 11.405 | 31,01 | 36.773 |
| 2005 | 14.984 | **11.230** | 26.214 | 70,02 | 11.220 | 29,97 | 37.434 |
| 2006 | 14.738 | 10.677 | 25.415 | 70,46 | 10.654 | 29,53 | 36.069 |
| 2007 | 14.566 | 10.265 | 24.831 | 70,58 | 10.347 | 29,41 | 35.178 |
| 2008 | 14.466 | 10.262 | 24.728 | 69,89 | 10.652 | 30,01 | 35.380 |
| 2009 | 14.803 | 10.289 | 25.092 | 69,28 | 11.123 | 30,71 | 36.215 |
| 2010 | 15.506 | 10.904 | **26.410** | 69,38 | **11.654** | 30,61 | **38.064** |
| 2011 | 15.538 | 10.311 | 25.849 | 69,71 | 11.229 | 30,28 | 37.078 |
| 2012 | 15.563 | 9.965 | 25.528 | 71,94 | 9.954 | 28,05 | 35.482 |
| 2013 | 15.348 | 9.397 | 24.745 | 73,80 | 8.783 | 26,19 | 33.528 |
| 2014 | 15.140 | 9.353 | 24.493 | 75,72 | 7.853 | 24,27 | 32.346 |
| 2015 | **15.704** | 9.438 | 25.142 | **77,17** | 7.438 | 22,82 | 32.580 |

Fonte: Base de Dados de Portugal Contemporâneo (PORDATA) e Direção-Geral de Estatísticas de Educação e Ciência (DGEEC), Ministério da Ciência, Tecnologia e Ensino Superior (MCTES).

Que outras leituras substantivas para o presente estudo podemos fazer a partir desse quadro?

A partir de meados da década de 1990 e, sobretudo, durante toda a década de 2000, assiste-se a um efetivo crescimento do ensino superior privado, tendo seu corpo docente atingido quase um terço dos docentes desse nível de ensino (32,11% em 2002, embora o número mais elevado em termos absolutos tenha sido atingido em 2010, com 11.654).

É a partir de 2012 que se assiste ao processo de declínio do ensino superior privado, atingindo em 2015 um dos seus valores mais baixos desde a década de 1990 (23% dos docentes do ensino superior, ou seja, 7.438), aproximando-se dos valores registados na década de 1980.

Essa tendência de queda do ensino superior privado pode vir a acentuar-se nos próximos anos, pelo menos no campo da educação, tanto por razões relacionadas com o aumento da oferta pública como por fatores de natureza econômica (das famílias e do Estado) e demográfica (diminuição do número de alunos resultante do processo de diminuição da natalidade e do consequente envelhecimento da população);

O aumento do número de docentes do ensino público, sobretudo do universitário, registrado em 2015 parece-nos um dado relevante a apontar, pois é uma evidência empírica para todos nós o fato do corpo docente se encontrar em um processo de rápido envelhecimento.

O ensino superior politécnico público foi um dos setores que mais cresceu, apresentando valores muito próximos de todo o setor privado no seu conjunto, evidenciando alguma perda desde 2011.

## Evolução do número de alunos matriculados no ensino superior

Os dados apresentados a seguir, ao permitir olhar para o interior do sistema de educação superior atual a partir dos alunos que o frequentaram desde 1990 até 2016, parecem-nos confirmar a tese central defendida neste texto: a do declínio do ensino superior privado após um breve período de expansão que, apesar de tudo, nunca foi muito consistente e que parece não estar em condições de competir com a educação pública, sobretudo quando esta se democratiza e mantém os elevados níveis de qualidade que sempre a caracterizou. Por outro lado, grande parte das instituições de ensino privado não tem vindo a demonstrar grande capacidade para concorrer com as públicas em épocas de retração econômica, apesar da propaganda sedutora que têm desenvolvido, como a atribuição de bolsas no valor das gratificações em caso de bom desempenho e outras formas de diminuir os custos que normalmente lhe estão associados.

O Gráfico 1 traduz com grande clareza a distribuição dos alunos pelos diferentes setores ao longo de duas décadas e meia (1990 a 2016).

## Gráfico 1: Evolução do número de alunos no ensino superior (1990 a 2016)

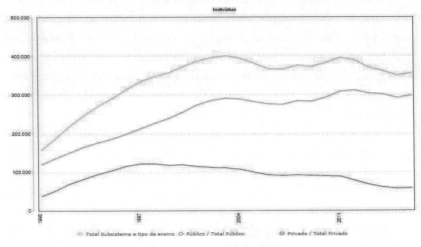

Fontes/Entidades: DGEEC/MEd - MCTES, PORDATA

Aprofundando um pouco mais a leitura desse gráfico, podemos dizer que são evidentes dois fatos: o primeiro relaciona-se com a efetiva expansão da educação superior, com particular destaque para a oferta pública; o segundo relaciona-se com a relativa estabilidade da oferta privada que, depois de um curto período de expansão relativa, parece regressar ao ponto de partida. Para além disso, são também evidentes dois picos de crescimento, situados em 2003 e 2011, picos esses cujas razões não estamos em condições de explicar.

O Quadro 3 pretende estabelecer uma comparação entre as principais áreas de educação e formação para, em seguida, nos situarmos no campo específico da educação em geral e no da formação de professores em particular.

A leitura do quadro seguinte permite-nos perceber que o ano 2002 é, simultaneamente, o período em que mais alunos se matricularam em cursos de educação e o início do declínio da área, que nunca mais parou de baixar. A educação é a única área que desce muito para além do ponto de partida, isto é, em 1991 estavam matriculados 19.471, e, em 2016, apenas 13.969. Não sabemos se a área da educação inclui todos os cursos de formação de professores a partir da adequação ao

## Quadro 3: Alunos matriculados no ensino superior: total e por área de educação e formação

| Anos | Total | Educação | Artes e Humanidades | Ciências Sociais, Comércio e Direito | Ciências, Matemática e Informática | Engenharia, Indústrias Transformadoras e Construção | Agricultura | Saúde e Proteção Social | Serviços |
|---|---|---|---|---|---|---|---|---|---|
| 1990 | 157.869 | | | | | | | | |
| 1991 | 186.780 | 19.471 | 19.721 | 69.850 | 17.774 | 34.971 | 6.995 | 11.992 | 6.006 |
| 1992 | 218.317 | 21.877 | 22.061 | 85.423 | 19.961 | 39.691 | 7.735 | 14.750 | 6.819 |
| 1993 | 246.082 | 24.556 | 24.057 | 97.123 | 22.722 | 44.527 | 8.654 | 16.693 | 7.750 |
| 1994 | 269.982 | 27.066 | 24.838 | 109.156 | 24.576 | 48.641 | 8.852 | 18.189 | 8.664 |
| 1995 | 290.348 | 28.188 | 26.074 | 118.818 | 26.647 | 53.125 | 8.385 | 19.407 | 9.704 |
| 1996 | 313.415 | 30.339 | 28.604 | 125.439 | 28.560 | 59.099 | 9.048 | 21.345 | 10.981 |
| 1997 | 334.125 | 32.899 | 30.959 | 131.223 | 30.285 | 64.070 | 10.027 | 22.259 | 12.403 |
| 1998 | 347.473 | 36.761 | 31.239 | **131.385** | 31.577 | 69.170 | 9.879 | 24.000 | 13.462 |
| 1999 | 356.790 | 39.574 | 32.025 | 129.145 | 32.409 | 72.883 | 10.770 | 25.072 | 14.912 |
| 2000 | 373.745 | 47.129 | 32.954 | 129.508 | 32.455 | 75.792 | **10.777** | 28.501 | 16.629 |
| 2001 | 387.703 | 51.128 | 35.016 | 127.043 | **32.736** | 78.910 | 10.634 | 34.185 | 18.051 |
| 2002 | 396.601 | **51.224** | 34.872 | 126.471 | 32.409 | 81.842 | 9.999 | 40.137 | 19.647 |
| **2003** | **400.831** | 47.337 | 34.256 | 126.700 | 32.028 | 84.705 | 9.259 | 45.643 | 20.903 |
| 2004 | 395.063 | 40.060 | 33.841 | 124.073 | 31.021 | 85.414 | 8.412 | 51.036 | 21.206 |
| 2005 | 380.937 | 32.905 | 32.716 | 119.402 | 29.028 | 83.079 | 7.776 | 55.201 | 20.830 |
| 2006 | 367.312 | 26.253 | 31.606 | 115.697 | 26.814 | 80.619 | 7.045 | 58.714 | 20.564 |
| 2007 | 366.729 | 21.381 | 31.086 | 117.209 | 26.720 | 81.801 | 6.939 | 60.599 | 20.994 |
| 2008 | 376.917 | 19.361 | 32.821 | 120.405 | 28.348 | 84.041 | 7.757 | 62.389 | 21.795 |
| 2009 | 373.002 | 18.553 | 32.170 | 119.303 | 27.411 | 82.645 | 7.082 | 62.409 | 23.429 |
| 2010 | 383.627 | 20.750 | 34.187 | 121.926 | 28.076 | 84.677 | 7.024 | 62.528 | 24.459 |
| 2011 | 396.268 | 22.262 | 36.789 | 126.102 | 28.657 | **85.760** | 7.240 | **63.999** | **25.459** |
| 2012 | 390.273 | 22.374 | **37.271** | 122.015 | 28.293 | 85.647 | 7.232 | 61.963 | **25.102** |
| 2013 | 371.000 | 19.275 | 35.846 | 115.884 | 28.366 | 82.377 | 7.043 | 57.723 | 24.237 |
| 2014 | 362.200 | 17.208 | 35.492 | 114.619 | 28.103 | 78.527 | 6.967 | 57.194 | 23.747 |
| 2015 | 349.658 | 15.049 | 35.375 | 112.085 | 26.926 | 74.223 | 6.810 | 55.530 | 23.321 |
| 2016 | 356.399 | **13.969** | 36.285 | 113.800 | 28.476 | 75.899 | 7.778 | 55.406 | 24.370 |

Fonte: Base de Dados de Portugal Contemporâneo (PORDATA) e Direção–Geral de Estatísticas de Educação e Ciência (DGEEC), Ministério da Ciência, Tecnologia e Ensino Superior (MCTES).

Processo de Bolonha, momento em que passou a ser exigida como habilitação mínima para a docência em qualquer nível de ensino o grau de mestre, mas é provável que inclua, pelo menos, os cursos do primeiro ciclo do ensino básico e educação infantil.

Todas as áreas de educação e formação, com as exceções da *educação, saúde e proteção social*, apresentam em 2016 uma tendência de subida. Se essa situação não for circunstancial, mas sim estrutural, podemos dizer que estaremos perante uma situação muito preocupante no campo da educação.

O número de alunos matriculados em 2016 corresponde a um retorno a 1999. Resta saber se a tendência de subida que se verifica em 2016 na maioria das áreas se manterá ou se estaremos a chegar ao ponto de diminuição sustentada que as mudanças demográficas certamente provocarão e que se vinham observando desde 2003. O aumento da escolaridade obrigatória para doze anos (ocorrido em 2009) poderá ser uma das razões para explicar a manutenção de níveis elevados de frequência da educação superior, apesar do recuo para níveis de 1999.

Seria importante para este estudo que os dados de alunos matriculados nas diversas áreas de educação e formação nos fossem apresentados pelos dois setores de ensino, mas tal não acontece e, por isso, vamos centrar-nos de modo mais detalhado no domínio da educação.

## A oferta atual no campo da formação de professores

### O caso do setor público de educação superior

A presente seção pretende abordar a reflexão em torno da problemática de ascensão e queda do ensino superior privado em Portugal, incluindo a formação de professores, que é a tese central deste texto, construída com base na oferta divulgada pelo Ministério da Educação para o período 2017-2018.

Nos quadros 4 e 5 expõe-se a oferta educativa pública, universitária e politécnica, no domínio da formação de professores do ensino não superior. Os cursos do primeiro ciclo de formação correspondem à licenciatura de base para a formação de professores e educadores para a educação infantil e professores do primeiro ciclo do ensino básico (CEB): Licenciatura em Educação Básica. Essa licenciatura não confere habilitação profissional; para tal, os candidatos a professor (de 1º, 2º ou 3º CEB ou ainda de ensino secundário) ou a educador infantil têm de completar um segundo ciclo de formação, que pode ser de três semestres (90 créditos ou ECTS) ou de quatro (120 créditos ou ECTS). No caso dos professores do 3º CEB ou de ensino secundário, a licenciatura de base pode ser muito variada; desde que possuam o número mínimo de créditos ECTS (nas áreas de docência) para acesso ao segundo ciclo de formação, qualquer licenciatura pode dar acesso aos cursos de formação de professores.

**Quadro 4: Ensino superior público politécnico (quadro síntese da oferta na formação de professores)**

| Instituições | Licenciatura em educação básica (1º ciclo de formação) | Cursos de 2º ciclo de formação de professores |
|---|---|---|
| ESE de Beja | 1 | 2 |
| ESE de Bragança | 1 | 5 |
| ESE de Castelo Branco | 1 | 2 |
| ESE de Coimbra | 1 | 5 |
| ESE, Comunicação Desporto - Guarda | 1 | 4 |
| ESE e Ciências Sociais de Leiria | 1 | 7 |
| ESE de Lisboa | 2* | 5 |
| ESE de Portalegre | 1 | 2 |
| ESE do Porto | 1 | 10 |
| ESE de Santarém | 1 | 4 |
| ESE de Setúbal | 1 | 4 |
| ESE de Viana do Castelo | 1 | 5 |
| ESE de Viseu | 1 | 6 |
| ESE e Comunicação (Algarve) | 1 | 7 |
| **Total** | **15** | **66** |

* Funcionamento em regime diurno e pós-laboral
Fonte: Direção-Geral de Estatísticas de Educação e Ciência (DGEEC), Ministério da Ciência, Tecnologia e Ensino Superior (MCTES), 2017.

**Quadro 5: Ensino superior público universitário (quadro síntese da oferta na formação de professores)**

| Instituições | Cursos de 1º ciclo de formação de professores | Cursos de 2º ciclo de formação de professores |
|---|---|---|
| Universidade dos Açores | 1 | 1 |
| Universidade do Algarve | 1 | 1 |

| Instituições | Cursos de 1º ciclo de formação de professores | Cursos de 2º ciclo de formação de professores |
|---|---|---|
| Universidade de Aveiro | 1 | 11 |
| Universidade de Coimbra | 1 | 13 |
| Universidade de Évora | 1 | 11 |
| Universidade de Lisboa | 1 | 35 |
| Universidade da Madeira | 1 | 3 |
| Universidade do Minho | 1 | 17 |
| Universidade do Porto | 1 | 15 |
| Universidade de Trás-os-Montes e Alto Douro | 1 | 6 |
| Universidade Nova de Lisboa | -- | 10 |
| **Total** | **10** | **123** |

Fonte: Direção-Geral de Estatísticas de Educação e Ciência (DGEEC), Ministério da Ciência, Tecnologia e Ensino Superior (MCTES).

Nos quadros 6 e 7, apresentamos a oferta educativa privada para os mesmos domínios de educação e formação. Por fim, no quadro 8, apresentamos uma síntese da oferta educativa, pública e privada, de modo que possamos perceber o peso de cada setor nas várias propostas e as tendências de evolução para, pelo menos, o horizonte mais próximo.

O que podemos deduzir dos quadros apresentados anteriormente? As instituições públicas que apresentam uma oferta educativa no campo da educação distribuem-se do seguinte modo: 14 pertencem ao sistema politécnico (ESE) e 11 ao universitário. O número total *aproximado*[11] de cursos no campo da *formação inicial de professores* no ensino público é de 214, correspondendo a 79,9% da oferta. Desses, o número total (também *aproximado*) de cursos de formação de professores (educação básica) de primeiro ciclo é de 25, sendo 15 (60%) oferecidos pelo sistema politécnico, abrangendo a área geográfica correspondente a 14 distritos; os 10 restantes são oferecidos pelo sistema universitário. Em relação ao segundo ciclo, o número total *aproximado* de cursos de formação de professores é de 189, sendo 123 (65,1%) oferecidos pelas universidades e 66 (34,9%) pelos institutos politécnicos.

---

[11] Usamos esse termo por uma questão de rigor, devido ao fato de sabermos que a oferta em questão se encontra em situação precária e, em alguns casos, numa situação de pré-extinção.

Comparando esses números com outros dados que resultam do conhecimento experiencial no campo e com a leitura de dados referentes a anos anteriores, a tendência observada é no sentido da diminuição da oferta educativa em todos os domínios da educação,[12] sendo o da formação de professores aquele que mais tem diminuído. É importante perceber as razões que estão na base da existência de uma elevada oferta para a educação infantil e, sobretudo, para o primeiro ciclo do ensino básico, setor do ensino que se encontra em forte contração, resultante, em simultâneo, de dois fatores: demográficos (diminuição cada vez mais acentuada da natalidade) e da racionalização a que tem estado sujeito há duas décadas (fortíssima diminuição do número de estabelecimentos de ensino e aumento do número de alunos por turma, com consequente diminuição do número de docentes).

## O caso do setor privado de educação superior

Vejamos agora a situação no domínio da oferta educativa no campo da formação de educadores e professores apresentada pelas instituições privadas, politécnicas e universitárias (quadros 6 e 7). O número total *aproximado* de cursos é de 54, distribuídos do seguinte modo: 42 (77.8%) são oferecidos pelos institutos politécnicos, sendo 32 de segundo ciclo e 10 de primeiro ciclo. Apenas 12 cursos de segundo ciclo (22.2%) são oferecidos pelas universidades.

### Quadro 6: Ensino superior privado universitário (quadro síntese da oferta de formação)

| Instituições | Cursos 1º ciclo de formação de professores | Cursos 2º ciclo de formação de professores |
|---|---|---|
| Instituto Superior de Estudos Interculturais e Transdisciplinares de Almada | - | 2 |
| Instituto Superior de Estudos Interculturais e Transdisciplinares de Viseu | - | 2 |

---

[12] A esse propósito, ver o quadro 3, apresentado anteriormente.

| Instituições | Cursos 1º ciclo de formação de professores | Cursos 2º ciclo de formação de professores |
|---|---|---|
| Instituto Universitário da Maia | - | 1 |
| Universidade Católica | - | 4 |
| Universidade Lusófona | - | 3 |
| Universidade Portucalense | - | - |
| Total | 0 | 12 |

Fonte: Direção-Geral de Estatísticas de Educação e Ciência (DGEEC), Ministério da Ciência, Tecnologia e Ensino Superior (MCTES).

A primeira grande inferência que podemos fazer do Quadro 6 é a que se refere ao contributo nulo das instituições privadas universitárias na formação de primeiro ciclo no campo em questão, apesar de duas delas estarem presentes em diferentes regiões do país. A segunda constatação relaciona-se com a escassez e a pouca diversidade da oferta de cursos de segundo ciclo (12), sendo a Universidade Católica e a Universidade Lusófona que ainda se mantêm com alguma força no sistema. Podemos dizer que, no domínio da formação de professores, as universidades privadas aparecem em clara perda em face ao setor público.

### Quadro 7: Ensino superior privado politécnico (quadro síntese da oferta de formação)

| Instituições | Cursos 1º ciclo de formação de professores | Cursos 2º ciclo de formação de professores |
|---|---|---|
| Conservatório Superior de Música de Gaia | - | 1 |
| Escola Superior de Educação Almeida Garrett | 1 | 2 |
| Escola Superior de Educação de Fafe | 1 | 2 |
| Escola Superior de Educação Jean Piaget de Almada | 1 | 3 |
| Escola Superior de Educação Jean Piaget de Arcozelo | 1 | 3 |
| Escola Superior de Educação João de Deus | 1 | 4 |
| Escola Superior de Educação Paula Frassinetti | 1 | 4 |
| Escola Superior de Educadores de Infância Maria Ulrich | 1 | 2 |
| Instituto Superior de Ciências Educativas | 1 | 6* |

| Instituições | Cursos 1° ciclo de formação de professores | Cursos 2° ciclo de formação de professores |
|---|---|---|
| Instituto Superior de Ciências Educativas Douro | 1 | 3 |
| Instituto Superior de Educação e Ciências (Lisboa) | 1 | 3 |
| Total | 10 | 33 |

* Um curso a cessar.
Fonte: Direção-Geral de Estatísticas de Educação e Ciência (DGEEC), Ministério da Ciência, Tecnologia e Ensino Superior (MCTES).

Um dado bastante relevante nesta análise relaciona-se com o fato de 78,2% da oferta formativa no domínio da formação de professores no ensino privado, correspondendo a 43 cursos, ser construída pelos institutos politécnicos, que nos surgem aqui como sendo 11 no total.

## Oferta global no campo da formação de professores: um olhar comparativo

A leitura do Quadro 8 permite-nos confirmar o que temos afirmado ao longo do texto: a oferta educativa de nível superior no campo da formação de professores em particular é de natureza eminentemente pública. Dos 269 cursos identificados para funcionar no próximo ano letivo, 79,6% são oferecidos pelo setor público de educação; a mesma percentagem (79,5%) pode ser encontrada na oferta de cursos de segundo ciclo de ensino (formação de professores). Onde a oferta privada se apresenta com algum significado é nos cursos de primeiro ciclo, sobretudo devido ao setor politécnico que, apesar disso, se encontra em uma fase de retrocesso acelerado. Pensamos que os próximos anos serão decisivos para essa evolução.

### Quadro 8: Oferta global no campo da formação de professores

| Instituições | Cursos primeiro ciclo de formação de professores | Cursos segundo ciclo de formação de professores |
|---|---|---|
| Universitário privado | 0 | 12 |
| Politécnico privado | 10 | 33 |
| Total (privado) | 10 (28,6%) | 45 (19,2%) |

| Instituições | Cursos primeiro ciclo de formação de professores | Cursos segundo ciclo de formação de professores |
|---|---|---|
| Universitário público | 10 | 123 |
| Politécnico público | 15 | 66 |
| Total (público) | 25 (71,4%) | 189 (80,8%) |
| Total global | 35 | 234 |

Fonte: Direção-Geral de Estatísticas de Educação e Ciência (DGEEC), Ministério da Ciência, Tecnologia e Ensino Superior (MCTES).

## Conclusão

A principal tese que defendemos ao longo deste capítulo parece-nos comprovada, ou seja, o campo da educação superior em Portugal continua a ser caracterizado por uma oferta de natureza eminentemente pública, incluindo o da formação de professores, sendo a tendência no sentido de acentuar essa realidade.

A perda do ensino privado verificada nos últimos anos, após um período de algum crescimento que, apesar de tudo, nunca ultrapassou os 32% da oferta educativa, tem como primeiro significado a ideia de *estado mínimo*, que é basilar da ideologia neoliberal e de importantes setores neoconservadores (aquilo que alguns autores designaram como *nova direita*),[13] e que se traduz na "retirada" do Estado do processo de prestação de serviços sociais em diferentes domínios tais como saúde, educação, proteção à infância, aos idosos, aos deficientes e aos desempregados. Fazendo-se substituir por fornecedores privados, ou seja, privatizando o fornecimento desses serviços ou mercantilizando-os de diferentes modos, em Portugal, o *estado mínimo* está longe de constituir uma realidade clara na educação superior, apesar dos esforços racionalizadores levados a cabo por alguns governos nas duas últimas décadas.

Um outro aspecto que nos parece relevante é o seguinte: o discurso da reforma estrutural do Estado, muito difundido entre nós sobretudo após a chamada crise das dívidas soberanas e da consequente

---

[13] Cf. Michael Apple (2002) para compreender os significados do que o autor denomina como "nova aliança conservadora".

intervenção externa, muito suportado na premissa de que o país sempre viveu acima das suas possibilidades e que o Estado não teria condições de manter suas funções sociais, nomeadamente no domínio da proteção social, da saúde e da educação. Esse discurso parece hoje adormecido, embora permaneça latente no interior da União Europeia e nos programas dos partidos europeus situados no espectro político de centro-direita.

Apesar de tudo o que acabamos de afirmar permitir deixar alguns de nós um pouco mais descansados em relação ao fenômeno da privatização da educação, entendido este no sentido mais original que possui, não podemos deixar de alertar para o que alguns autores[14] têm designado como "colonização" do espaço público de educação por princípios gerencialistas (cf. HALFFMAN; RADDER, 2017; CHAUI, 2017, entre outros). Esses princípios surgem nos discursos e nas práticas das organizações de ensino superior por meio de tópicos tais como eficácia, eficiência, avaliação institucional de organizações e de desempenho individual, certificação da qualidade (ideologia da qualidade total), entre outros.

Esse processo pode ser observado por meio da emergência de práticas ferozmente concorrenciais entre instituições, práticas essas que ocorrem cada vez mais entre instituições públicas. Provavelmente, dada a enorme expressão que o ensino superior público (universitário e politécnico) possui em nosso país, é no interior desse subsistema que a competição por públicos cada vez mais escassos ocorre com maior intensidade, apresentando tendência para aumentar nos próximos anos. Observando-se as condições e o modo como o subsistema do ensino superior privado emergiu em Portugal, só algumas instituições conseguirão manter-se competitivas no futuro.[15]

---

[14] Para além dos autores referidos no texto, sugerimos a leitura integral do n.º 60 da Revista Adusp, publicada em 2017, pois constitui um número temático cujo título nos revela seu conteúdo: "Produtivismo acadêmico: ainda é tempo de (re)agir".

[15] Nas últimas duas décadas encerraram definitivamente cerca de duas dezenas de instituições de ensino privadas, muitas delas reconhecidas como universidades e que chegaram a ter uma expressão significativa no subsistema em questão. Atualmente, apenas quatro universidades privadas se mantêm com alguma expressão, encontrando-se o ensino superior politécnico numa crise muito mais profunda.

Entre 2011 e 2015, a A3ES[16] vetou a abertura de 344 novos cursos, tendo as instituições encerrado voluntariamente cerca de 2.000 cursos.[17] Dentro deste período de tempo, 2012-2015, cerca de 2.000 cursos de primeiro e segundo ciclo de formação, incluindo cursos de formação de professores, foram encerrados pela A3ES. Os principais motivos relacionam-se à falta de qualificação docente, bem como de investigação de suporte na área específica de formação. Nas palavras de seu presidente, Alberto Amaral, o encerramento deve-se à falta de qualidade desses cursos, reconhecendo que a perda dos alunos tem ocorrido no setor privado, uma vez que o setor público se mantém estável.[18]

A natureza da oferta de educação superior nas próximas décadas continuará sendo predominantemente pública. Provavelmente, com outras formas de expressão e com implicações sérias na forma como as instituições de educação superior se organizarão para lhe dar forma. Mas a ideia defendida por alguns autores desde o início dos anos 1990 de que o neoliberalismo tinha se instalado em Portugal – nesse caso, na educação superior –, pensamos estar muito longe da realidade. A ideologia neoliberal, presente nos discursos oficiais dos sucessivos governos e dos partidos que os apoiavam (que sempre se situaram no que chegou a ser denominado como "arco de governação", que inclui os partidos portugueses PS, PSD e CDS, governando sozinho ou em coligação), não terá chegado a materializar-se na produção legislativa e nas práticas sociais em geral de um modo consolidado.

Isso não significa que o fenômeno da mercantilização (*commodification*) da oferta educativa (e que aqui distinguimos dos processos de privatização, concebendo-o antes como a introdução de práticas concorrenciais típicas de um mercado, mas no interior da esfera pública),[19] assinalado por diversos autores, deixe de constituir

---

[16] Agência de Avaliação e Acreditação da oferta educativa do ensino superior em Portugal.

[17] De acordo com notícia publicada no jornal *Público*, em 23 de julho de 2017, citando Paulo Peixoto, investigador do Observatório das Políticas de Educação e Formação do Centro de Estudos Sociais de Coimbra.

[18] Em entrevista dada ao jornal *Público*, em 5 de agosto de 2015.

[19] A esse propósito, ver Julian Le Grand (1991, p. 1259-1260) e o conceito de quasemercado: "Eles são 'mercados' porque eles substituem os estados provedores monopolistas por estados competitivos independentes. Eles são 'quase' porque eles se

uma séria ameaça ao modo como a própria oferta pública de educação vai se construir em um futuro próximo, assim como ao próprio modelo de organização da educação superior.

A "racionalização" que está em curso no interior do setor público de educação superior (e que teve seu início em meados da primeira década deste século), em nível nacional, supranacional e transnacional, já é visível nos seguintes elementos:

- Fusão entre duas grandes universidades públicas em Lisboa, legitimada pelos argumentos da racionalização de recursos e da competitividade interna e externa; essa estratégia permite às universidades ganhar escala, aumentar o número de estudantes e os recursos de investigação, bem como facilitar a participação em redes internacionais de pesquisa, captando mais financiamento interno e externo e, por fim, entrar para lugares relevantes e visíveis nos rankings internacionais.
- A constituição de um consórcio entre três universidades públicas no norte do país (Porto, Vila Real e Minho).
- A opção operada por quatro grandes universidades públicas pelo regime de fundação (Aveiro, Porto, ISCTE e Minho),

---

diferem dos mercados convencionais de distintas maneiras. As diferenças são tanto no suprimento quanto na demanda. No lado do suprimento, assim como nos mercados convencionais, existe uma competição entre empresas produtivas e os serviços de suprimento. Assim, em todos os modelos descritos, existem instituições independentes (escolas, universidades, hospitais, casas residenciais, associações de moradia, proprietários privados) competindo por clientes. Contudo, ao contrário dos mercados convencionais, essas organizações não estão necessariamente a busca de maximizar seus lucros; nem são necessariamente instituições privadas. Precisamente o que tais empresas maximizarão, ou que podemos esperar que maximizem, não está claro, assim como sua estrutura de propriedade. No lado da demanda, consumidor que compra poder não é uma expressão que possa ser traduzida em termos monetários. Ao contrário, ela toma a forma de um 'earmarked budget' ou 'voucher' confinado a compra de um serviço específico. Ainda no lado da demanda, em algumas áreas como, por exemplo, a saúde e os serviços sociais, o consumidor imediato não é aquele que excerce as escolhas no caso das tomadas de decisão sobre a compra; ao contrário, essas escolhas são delegadas a terceiros (um gestor, um GP ou uma autoridade da área da saúde)". Excetuando situações que têm ocorrido em alguns domínios, tais como os da música e das artes, sobretudo no ensino não superior e os acordos com escolas privadas no sentido destas se substituírem ao Estado em regiões em que não existe oferta pública de educação (os chamados "contratos de associação"), não vislumbramos que esse conceito possa ser aplicável à realidade portuguesa.

que significa a adoção de mecanismos de gestão empresarial e a participação nos órgãos de governo das universidades de empresários e outros elementos externos a ela (com um duplo argumento: abertura da universidade ao meio empresarial e maior autonomia em face ao poder político na definição de sua atividade e no processo de prestação de contas).
- Adoção de modelos de financiamento das IES que implicam uma forte competição entre elas, originando a invenção de estratégias para aumentar suas receitas próprias, o que pode implicar aumento nos custos do ensino para as famílias (não estará longe o dia em que as IES reivindicarão a liberalização das gratificações e de outros custos operacionais).
- Criação de *rankings* de universidades, para citar os aspetos mais relevantes.

Em suma, esse processo altamente competitivo que está em curso entre instituições de ensino superior públicas em nível global, europeu e nacional é que nos deve preocupar desde já, pois é ele que já está a marcar a agenda e com consequências que poderão ser devastadoras para o modo de vida tradicional dessas instituições, a saber: fragilização dos vínculos contratuais do emprego científico; precarização profissional dos docentes e investigadores, uma vez que emprego e salário estarão dependentes da produtividade científica (quanto se publica e onde se publica e manutenção das dinâmicas elevadas de produção); fragilização da função docente (que tendencialmente será realizada por aqueles que não publiquem tanto ou mesmo por kits de formação a distância, sem necessidade de intervenção direta e presencial de pessoas – uma espécie de *global tutoring*) e a constituição de universidades com diversos estatutos: *research universities* [universidades de pesquisa] e *teaching universities* [universidades de ensino], por exemplo.

Como vimos, e contrariamente ao que acontece em países como os EUA, Brasil ou Chile (cf. ZEICHNER, 2013), a formação de professores em Portugal continua a ser um forte monopólio do Estado (PARASKEVA, 2012, p. 61) e a gozar de uma imagem de qualidade e prestígio. Por quanto tempo será difícil prever, dadas as ameaças criadas pela regressão demográfica acentuada, pelas políticas de racionalização dos custos associados ao número de alunos, pelo fechamento de milhares de escolas e a consequente diminuição acentuada de vagas docentes a concurso. No domínio específico da formação de educadores de infância e de professores do primeiro ciclo de ensino básico, dada a persistência dessa oferta ao longo das últimas décadas pelos dois subsistemas, as consequências da concorrência ameaçam ser devastadoras para todas as instituições de ensino, embora nas instituições privadas elas possam ser mesmo irreversíveis.

# Referências

AFONSO, A. J. O neoliberalismo educacional mitigado numa década de governação social-democrata. *Revista Portuguesa de Educação*, Braga, v. 10, n. 2, p. 103-137, 1997a.

AFONSO, A. J. O neoliberalismo educacional mitigado numa década de governação social-democrata. In: LIMA, L. C.; AFONSO, A. J. (Orgs.). *Reformas da educação pública: democratização, modernização, neoliberalismo*. Porto: Edições Afrontamento, 2002.

AFONSO, A. J. Para a configuração do Estado-providência na educação em Portugal (1985-1995). *Educação, Sociedade & Culturas,* Porto, v. 7, p. 131-156, 1997b.

AFONSO, A. J. Políticas educativas em Portugal (1985-2000): a reforma global, o pacto educativo e os reajustamentos neo-reformistas. In: CATANI, A. M.; OLIVEIRA, R. P. (Orgs.). *Reformas Educacionais em Portugal e no Brasil*. Belo Horizonte: Autêntica, 2000. p. 17-40.

APPLE, M. W. "Endireitar" a Educação: as escolas e a nova aliança conservadora. *Currículo sem Fronteiras*, v. 2, n. 1, p. 55-78, jan/jun. 2002

CHAUI, M. Avaliação irracional da pesquisa e eclipse da docência na USP. *Revista Adusp*, São Paulo, n. 60, p. 54-65, maio 2017

CHOMSKY, N. *Neoliberalismo e ordem global: crítica do lucro*. Lisboa: Editorial Notícias, 2000.

FRASER, N. Neoliberalismo progressista *versus* populismo reaccionário: uma escolha de Hobson. In: GEISELBERGER, H. (Ed.). *O grande retrocess: um debate internacional sobre as grandes questões no nosso tempo*. Lisboa: Objetiva; Penguin Random House, 2017. p. 83-96.

GRAY, J. *Falso Amanhecer*. Lisboa: Gradiva, 2000.

HALFFMAN, W.; RADDER, H. Manifesto acadêmico: de uma universidade ocupada a uma universidade pública. *Revista Adusp*, São Paulo, n. 60, p. 6-25, maio 2017.

HARVEY, D. *A Brief History of Neoliberalism*. Oxford: University Press, 2005.

HARVEY, D. *A Condição Pós-Moderna*. São Paulo: Loyola, 1993.

HOBSBAWM, E. *A era dos extremos: história breve do século XX – 1914-1991*. Lisboa: Editorial Estampa, 1996.

LE GRAND, J. (1991). Quasi-Markets and Social Policy. *The Economic Journal*, [Londres], v. 101, n. 408, p. 1256-1267, set. 1991.

PARASKEVA, J.M. Bologna Process(Ors): Knowing Very Well What They are Doing, but Still Doing It. In: PARASKEVA, J. M.; SANTOMÉ, J. T. (Eds.). *Globalisms and Power: Iberian Education and Curriculum Policies* New York: Peter Lang, 2012.

POLANYI, K. *A grande transformação*. Rio de Janeiro: Ed. Campus, 2000.

SANTOS, B. S. Os processos da globalização. In: SANTOS, B. S. (Org.). *Globalização: fatalidade ou utopia?* Porto: Edições Afrontamento, 2001.

SANTOS, B. S. *Pela mão de Alice: o social e o político na pós-modernidade*. Porto: Edições Afrontamento, 1996.

STIGLITZ, J. E. *Globalização: a grande desilusão*. Lisboa: Terramar, 2002.

WILLIAMSON, J. *Did the Washington Consensus Fail? Outline of Remarks at CSIS*. Washington, DC: Institute for International Economics, 2002. Disponível em: <https://piie.com/commentary/speeches-papers/did-washington-consensus-fail>. Acesso em: 14 nov. 2018.

ZEICHNER, K. M. *Políticas de formação de professores nos Estados Unidos: como e por que elas afetam vários países no mundo*. Belo Horizonte: Autêntica, 2013.